JN436004

구성주의관점에서의 누리과정 이해와 실천:

교사와 유아가 함께 만들어가는 교육

곽향림 · 최성운

창지사

머리말

저자는 이전에 DeVries 박사와 그 동료들의 2002년 저서를 번역하면서 역자 서문에 구성주의교육은 "판에 박힌 내용과 방법을 그대로 따라야 하는 교육에서는 느낄 수 없는 예측불허의 구성주의 교실을 통해 어린이나 교사가 모두 몰입하고 도전하고 더 나은 방향으로 변화해가는 모습에 주된 매력이 있는 것 같다."라고 기술한 적이 있다. 이번 2019개정누리과정의 실천은 바로 이런 교실을 기대하는 것이다. 계획보다 실행을 중요시하면서 이와 같은 예측불허의 교실을 교사와 유아가 함께 만들어갈 것을 강조하는 것이다.

실행을 중요시한다는 것은 유아의 생각과 행동에 많은 권한을 내주는 동시에 교사는 자신의 생각과 권위를 내려놓아야 가능하다. 구성주의교육은 이를 실천하는 것이며 바로 2019개정누리과정에서 강조하는 유아중심, 놀이중심, 자율성을 실현하게 되는 것이다. 이런 교실에서 유아의 놀이와 삶은 보장된다. 이는 구성주의교육에서 이미 오래전부터 강조해왔던 바이다. 본서는 어린이집과 유치원 현장의 교사가 구성주의교육의 패러다임과 실천적 지식을 통해 누리과정을 잘 이해하고 무엇보다 이를 잘 실천해가도록 돕기 위해 저술되었다.

본서의 내용은 구성주의유아교육학회 2020동계학술대회에서 저자들이 발표했던 내용을 바탕으로 이루어졌다. 본서는 크게 2부로 나뉘어진다. 1부는 먼저 2019 개정누리과정 실행의 문제를 패러다임과 실천적 지식의 측면에서 살펴보고, 다음으로 패러다임의 전환을 위해 '교사와 유아가 함께 만들어가는 교육'의 실체를 들여다본 후, 구성주의 관점에서 누리과정 실천을 위한 두 가지 교육과정 설계방안을 제시한다. 하나는 '유아 주도의 공동체적 삶을 위한 교육과정 설계와 실천'이고 다른 하나는 '흥미·실험·협동의 놀이중심교육과정 설계와 실천'이다. 2부에서는 1부에서 제시한 구성주의교육의 패러다임에 따라 실천했던 교실에서의 하루 일과를 사례로 소개함으로써 유아가 교실에서의 놀이와 삶을 어떻게 즐기고 있으며 이를 위해 교사는 무엇을 지원해주고 있는지를 보여준다. 이를 위해 만 3세 반 교실의 사례를 먼저 소개하고 다음으로 이 반의 하루 일과를 제시한다. 사례에서 교사가 다음 날 계속 이어갈 것으로 예측했던 놀이가 중단되고 새로운 놀이가 전개되면서 교사는 전날의 반성적 평가에 따른 계획을 떨쳐버리고 유아의 새로운 흥미에 따라 이를 지원해 주며 함께 만들어가는 교육의 실제를 보여준다. 또한, 이 만 3세 반의 놀이가 다른 연령의 반들과 상호 교류를 통해 어떻게 서로 영향을 미치고 있는지도 함께 보여준다.

저자들은 구성주의교육을 가르치고 이를 유치원에서 실천해오면서 교실에서 뜻밖의 상황이 일어나는 많은 사례를 보아왔다. 전날 실행에 대한 반성적 평가에 의해 수립된 지원계획임에도 불구하고 유아의 생각과 행동, 놀이는 교사의 예상을 벗어난다. 중요한 것은 이런 유아들의 반응을 읽어내고 공감하며 지원해 주는 것이다. 이런 교실을 함께 만들어가는 데 지대한 기여를 해왔던 우리 호원대학교 부속유치원의 교사와 유아의 역량에 늘 감탄하고 감사한다. 특히 사례교실의 담임교사인 김만재 선생과 유아들에게 고마움을 표한다. 구성주의유아교육학회의 요청에 의해 학술대회에서 발표했던 내용을 정리하여 책으로 엮으며 다시 한번 구성주의교육에 대한 저자들의 생각을 되짚어보며 확고히 할 수 있도록 해주신 이연승 회장님께도 무한한 감사를 드린다. 마지막으로 출판을 허락해주신 창지사에 감사드린다.

2022년 3월

저자일동

차례

2부

구성주의 교실의 하루 일과:
하루 일과 속에서의 다양한 놀이 및 활동

구성주의관점에서의 누리과정 이해와 실천:
교사와 유아가 함께 만들어 가는 교육

1부

구성주의관점에서의 누리과정 이해와 실천:

교사와 유아가 함께 만들어가는 교육

Ⅰ
구성주의 관점에서 본 개정누리과정 실행의 문제와 방향

구성주의 교육은 교사와 유아가 함께 만들어가는 교육으로 이는 2019 개정누리과정에서도 강조되고 있다. 이러한 함께 만들어가는 교육의 이해와 실천을 위해 본 장에서는 누리과정의 현 실행에서 나타나는 문제를 패러다임 전환과 실천적 지식의 측면에서 짚어보면서 구성주의 관점에서 그 해결방안을 찾아보고자 한다.

1. 패러다임 전환과 실천적 지식의 문제

개정누리과정은 2019년 7월에 확정 발표된 이래 교사 연수를 거쳐 2020년부터 현장에서 실행되어 오고 있다. 개정누리과정은 그동안 많은 교육현장에서 유아중심보다는 교사중심, 교사주도의 교육과정으로 인해 유아가 교실에서 원하는 놀이가 아니라 교사 방식의 타율적 놀이에 참여해왔다고 본다. 이에 유아중심, 놀이중심, 자율성의 교실을 운영할 것을 강조하고 있다. 그러나 현장에서는 아직 안정적 실천에 어려움을 겪고 있다.

이러한 어려움이 존재하는 가장 핵심적인 문제는 현장 교사의 패러다임 전환과 실천적 지식에 있다. 현장에서는 관련 연수를 통해 유아중심, 놀이중심, 자율성에 대한 요지를 파악하면서 역량을 키워가고 있으나 교사에 따라 어려움을 보인다. 관점을 이해하고 잘 실천해가는 교사가 있는 반면에 관점에는 동의하고 실천하려는 의지를 갖고 시도하지만 개정누리과정의 관점을 실천하는 방법에 대해 모호한 교사도 있다. 문제는 관점에 대한 이해 없이 여전히 교사주도에 머무르고 있는 교사도 있다는 사실이다. 무엇을 해야 할지 모르는 상황에서 교사에게 주어진 지나친 자율성은 오히려 교육과정 실행에 위험과 문제를 불러올 수 있음(오채선, 2018)을 알 수 있다. 자신이 실행해왔던 교육관점 및 실행과의 갭이 클수록 무엇을 해야 하는지 혼돈하기도 한다.

2019개정누리과정 실천의 문제

⬇

- 패러다임 전환(Paradiam shift)의 문제
- 실천적 지식 부족의 문제

2. 개정누리과정이 요구하는 패러다임과 실천적 지식

2019개정누리과정은 가르침에서 배움, 교사주도에서 유아주도, 교사가 만드는 교육과정에서 함께 만들어가는 교육과정으로의 교육적 패러다임의 전환과 이에 따른 실천적 지식의 강화를 요구하고 있다.

1) 패러다임

이번 개정누리과정은 시대의 변화에 따라 교육적 패러다임의 전환을 강조하고 있다. 패러다임 전환은 Kuhn(1962)에 의해 등장한 용어로 과학에서 새로운 개념과 이론은 객관적 관찰을 통한 진리의 진보라기보다 연구자 집단 즉 과학공동체 구성원이 함께 공유하고 있는 믿음, 가치, 기법 등 사고의 패턴을 통해 형성되고 발전된다고 하며 이를 패러다임이라고 했다. 교육계에서도 이러한 Kuhn의 과학공동체와 같이 교육적 패러다임은 교육공동체의 신념과 가치에 따라 변화된다는 관점을 수용한다. DeVries와 Kohlberg(1980)는 구성주의 교육을 위해서는 패러다임의 전환이 필요함을 강조했다. 이제 시대는 교사의 관점에서 가르침보다는 유아의 관점에서 배움에 초점을 맞추고 교사주도가 아니라 유아주도의 교실을 더욱 요구한다. 그래서 교사가 만드는 교육과정이 아니라 함께 만들어가는 교육과정을 운영해 가야 할 것이다.

문제는 일시에 교사의 관점을 버리고 유아의 관점을 취해서 유아와 함께 놀고 함께 생각하고 함께 하루 일과를 꾸려간다는 생각의 전환이 용이하지 않음에 있다. 지금까지 교사는 권위를 가지고 가르쳐야 한다고 생각했던 자기 관점을 쉽게 내려놓기 힘든 것이다. 또 개정누리과정의 교육적 패러다임이 강조하는 유아중심, 놀이중심은 이미 알고 있거나 전체적으로 수용했지만 아직 모호하고 구체적으로 무엇을 의미하는지에 대한 지식이 부족하다는 것이 문제이다. 다시 말해 교육 현장에서는 패러다임 전환이 쉽게 일어나지 않는다는 문제와 개인적 특성뿐 아니라 교육적 패러다임의 이론적 지식을 정확히 이해하지 못하는 문제가 있다.

DeVries와 Zan(1997)은 단지 그룹게임, 물리적 지식활동을 교실에서 실행한다고 구성주의교육이라고 말할 수는 없으며 구성주의 관점이 필요하다고 했다. 즉 패러다임의 전환이 우선임을 의미한 것이다.

개정누리과정 요구하는 교육적 패러다임		
가르침	➡	배움
교사주도	➡	유아주도
교사가 만드는 교육과정	➡	함께 만들어가는 교육과정

2) 실천적 지식

실천적 지식은 교사가 자신의 이론적 지식을 교육과정 실행과 적극적으로 상호교류하며 종합하고 재구성한 지식이다. 이러한 실천적 지식은 유아중심, 놀이중심의 패러다임을 실행하면서 개정누리과정의 안정적 실천을 위해 유아교사에게 무엇보다 필요한 역량이다. 그러나 이 실천적 지식은 패러다임 전환보다 더 힘들다는 것이 문제이다. 특히 패러다임 전환이 일어나도 교사가 이전에 실행했던 교실과 앞으로 실행해가야 할 두 교실 간 관점의 갭이 클수록 자칫 지나친 개입 아니면 방치로 흐를 수 있음이 우려되는 점이다. 즉 교사가 이전 교실에서는 권위를 행사하며 완전히 교사주도의 교실을 운영했었는데 갑자기 유아가 주도하는 유아중심의 교실을 운영하는 것은 쉬운 일이 아니라는 것이다.

교사주도적 교실에서는 교사의 일방적 지시와 가르침으로 인해 유아 간에 갈등이 많이 드러나지 않고(DeVries & Zan, 1997) '나는 이 상황에서 무엇을 어떻게 해야 하는가?'라는 질문에 직면하는 경우가 드물다. 하지만, 유아중심과 놀이중심 그리고 자율성을 강조하는 교실에서는 당연히 유아의 상호교류가 활발하고 이에 따라 교사는 개입해야 할 다양한 상황에 직면하게 된다. 따라서 실천적 지식이 부족한 경우에 누리과정 실천에 어려움을 겪게 된다. 이 실천적 지식은 패러다임 전환보다 더 오랜 시간과 노력이 필요하다. 그래서 시간을 들이며 꾸준한 실행과 반성적 성찰을 통한 연습이 필요하다.

실천적지식 "나는 이 상황에서 무엇을 어떻게 해야 하는가?"를 알고 실행

교사 주도적 교실		유아 · 놀이중심과 자율성을 강조하는 교실
일방적 지시와 가르침으로 유아는 수동적이고 또래 간 갈등도 적음 (DeVries & Zan, 1997) 위 질문상황에 직면할 경험이 거의 없음	➡	유아 주도적이고 상호교류가 활발해짐에 따라 개입해야 할 다양한 상황에 직면하여 적절한 상호작용을 필요로 함 위 질문에 대한 지식을 위해 지속적이고 순환적인 실행과 반성적 평가 필요

따라서 누리과정의 안정적 실천을 위해서는 패러다임 전환의 필요성을 인지하고 교육적 패러다임의 이론적 지식을 정확히 알아야 하며, 이에 따른 실천적지식을 구체화해야 한다. 이는 패러다임의 이론적 지식과 실행과정을 적극적으로 교류하고 반성적으로 성찰하면서 '무엇을 어떻게 해야 하는가'에 대한 실천적 지식을 종합하고 재구성해가는 노력과 시간을 필요로 한다.

누리과정의 안정적 실천 방향

패러다임 전환의 필요성 인지

⬇

교육적 패러다임의 이론적 지식을 정확히 알기

⬇

패러다임의 이론적 지식과 실행과정을 적극적으로 교류하고 반성적으로 성찰하면서
'무엇을 어떻게 해야 하는가'에 대한 지식을 종합, 재구성해가는 노력과 시간필요

3. 구성주의관점에서 누리과정 실천 방향

1) 구성주의교육 관점을 내재한 개정누리과정

2019개정누리과정은 유아중심, 놀이중심, 그리고 자율성을 강조하고 있다는 점에서 구성주의 교육의 관점을 내재하고 있다. 이에 대해 구체적으로 살펴본다.

가. 유아중심

유아중심이란 개정누리과정에 의하면 교육의 과정에서 '유아의 건강과 행복, 놀이를 통한 배움의 가치를 최대한 존중하여 반영하는 것을 의미'(교육부, p.26)한다. 다시 말해서 유아의 의견을 존중하고 그들의 목소리를 경청하며 이를 교육과정에 반영하여 운영함으로써 유아가 중심이 되도록 한다는 것이다.

구성주의 교사는 유아의 행동뿐 아니라 그들이 무슨 생각을 하고 있는가에 주력하고 숙고함으로써 유아가 주체가 되어 교실 실행이 일어나도록 노력한다. 더 나아가 유아의 생각이 주변 사물이나 사람과의 상호작용을 통해 어떻게 변화되어 가고 있는지, 그리고 또래 간 협력에 의해 어떻게 집단역동성이 발휘되고 있는지 세밀하게 들여다본다. 또한 이 과정에서 또래 간에 보여주는 사회도덕적 관계는 어떠한지에 유념하며 반성적 사고를 통해 그들의 놀이가 지속되고 확장되도록 지원하기 위해 고심한다. 이런 교실에서 유아는 주체성을 발휘하며 유아중심이 되어 그들의 놀이와 삶을 살아가기 때문이다.

구성주의교육에서 유아중심은 Kohlberg와 Mayer(1972)가 그들의 연구에서 구성주의와 행동주의 관점의 자극을 비교하기 위해 사용한 다음 장의 쌍방적 화살표 그림에서 살펴볼 수 있다. 상호교류가 있는 쌍방적 화살표에서 유아와 자극(물체, 사람, 환경) 간에 상호작용은 한 번으로 끝나는 것이 아니다. 계속적 교류에서 점차 발전적으로 변형된 생각과 행동이 물체에 가해지고 이를 통해 알아낸 물체의 속성으로 인해 점차 새로운 지식이 재구성되어가는 것이다. 유아가 흥미를 보이는 대상에 대해 어떠한 행동을 하게 되면 그 대상은 유아에게 자기 속성을 드러내며 자극을 주게 된다. 이때 자기가 기대했던 반응이 아닐 때 이는 유아의 흥미를 더욱 자극하여 새로운 생각과 행동으로 재도전하게 만드는데 여기서 중요한 것은 유아가 '자기 생각'을 가지고 주도적으로 대상에 행위를 가하게 된다는 것이다. 그래서 교사의 직접적 가르침이 아니라 유아가 주체가 되어 스스로 생각하는 힘을 길러가고 지식을 재구성해가는 것이다. 이렇게 물체와 사람, 그리고 환경은 그 속성을 드러내면서 유아의 흥미와 관심을 자극하는 또 다른 주체로서 유아의 생각과 삶을 지원한다.

구성주의와 행동주의 관점의 자극 (Kohlberg & Mayer, 1972)

구분	관점의 자극
구성주의	유아 (O) ⇄ 자극(물체, 환경, 사람) (S)
행동주의	자극 (S) → 유아 (O) → 반응 (R)

이에 반해 위 그림의 일방적 화살표는 자극이 유아에게 주어지면 유아는 이에 대해 반응한다는 행동주의 이론을 보여준다. Kohlberg와 Mayer(1972)는 이 두 그림을 통해 하나는 자극에 대해 유아가 적극적인 역할을 하지만 다른 하나는 수동적인 역할을 함을 보여준다. 이는 유아가 수동적 역할을 하는 행동주의 교실과 비교해 유아와 자극이 쌍방으로 상호작용하며 지속해서 점점 발전적 교류가 일어나는 구성주의 교실에서 유아가 주도적으로 삶을 살아감을 말해준다고 할 수 있다. 구성주의 교사는 이러한 쌍방의 교류를 유념하면서 교사의 일방적 가르침이나 요구가 아닌 쌍방의 가르침을 통해 유아주도 그리고 유아중심의 교실을 만들어가고자 노력한다.

사실 공동주체성을 가진 공동체교실의 구성원으로서의 교사는 유아와 동등한 관계를 유지하려고 노력한다는 측면에서 공동체교실은 유아중심이 아니라 교사와 유아 상호중심이다(곽향림, 2015). 즉 교실에서 교사와 유아가 모두 적극적인 역할을 한다. 그러나 교사주도성을 비판하는 현 상황에서는 아직 상호중심보다는 유아중심을 더 강조하면서 점차 상호중심으로 나아가야 할 것이다.

나. 놀이중심

개정누리과정에서는 놀이중심교육 곧 놀이를 통한 배움에 주목한다. 개정이전 누리과정은 교사가 '유아가 놀이하며 보여주는 독특한 움직임, 표정, 재미있는 말과 이야기, 그림이나 노래 등'(교육부, p.13)에 귀 기울이기보다는 교사용 지도서에 의존하여 유아가 주도하는 놀이가 일어나도록 하지 못했음을 지적하며, 놀이중심교육에서 유아가 자유롭게 주도하는 놀이를 통해 '놀이가 살아나는' 교육과정을 구현하고자 한다.

이렇게 강조하는 놀이는 바로 구성주의교육의 핵심이다. 구성주의교육은 유아가 놀이에 주도적으로 참여함을 강조한다. 그래서 자유놀이 시간은 구성주의교육의 꽃이다. 유아는 흥미와 발현적 아이디어로 놀이를 시작하여 주도적으로 심화 확장해가면서 즐거움을 느낀다. 그러나 때로 지적 혹은 사회도덕적 갈등에 부딪히면서 힘들지만, 더 재미있는 놀이를 지속하기 위해 문제를 해결해간다. 이 과정에서 유아는 자기 지능이나 혹은 교사의 적절한 질문으로 반성적 사고를 하고 이는 다시 또래 간 집단역동성에 의해 발전적으로 변형되면서 생각하는 힘을 길러간다.

그래서 유아는 놀이하면서 그들의 흥미와 호기심을 마음껏 발산하고 자발적으로 주변 세상을 탐구하며 이 놀이 속에서 일어나는 배움을 즐긴다. 즉 놀이는 유아가 스스로 과제를 만들고 해결해가면서 배움을 이루게 한다. 교사는 적절한 순간에 적절한 자료와 질문으로 유아의 놀이와 배움을 지원해줌으로써 놀이중심교육은 일어나는 것이다.

이러한 놀이중심교육은 놀이만 하는 것은 아니다. 놀이중심을 강조하는 2019개정누리과정의 실행을 위해 혹자는 '그럼 교실에서 유아가 놀이만 해야 하는가?'라는 오해를 하기도 한다. 놀이와 관련하여 조사 및 탐구 실험, 발표, 토의 및 토론, 규칙제정 및 투표, 또래 간 갈등해결이 함께 동반된다. 그래서 즐겁기만 한 것은 아니고 때로 심각하기도 하고 힘들기도 하다. 이 과정에서 교사와 유아는 함께 가르치고 함께 배우는 순간을 맞이하고 다시 놀이를 즐기게 된다. 그래서 놀이는 바로 삶의 즐거움뿐만 아니라 개인 내 개인 간 갈등을 통한 지능과 지식구성을 불러일으키는 매개 역할을 한다. 놀이 속에서 배움을 강조하는 2019개정누리과정의 실천은 이러한 구성주의 교실에서 실현될 수 있다.

놀이중심교육

놀이만 일어나는 것은 아니고
조사활동, 발표, 토의 및 토론, 규칙제정 및 투표, 탐구 및 실험

⬇

그래서 즐겁기만 한 것은 아니고
때로는 심각하기도 하고 힘들기도 함

⬇

이 과정에서 교사와 유아는 함께 가르치고 함께 배우는 순간을
맞고 다시 놀이를 즐김

다. 자율성

개정누리과정은 교사의 자율성을 최대한 존중하고 유아의 자율성을 추구해야 함을 강조한다. 교사는 자기 교실 유아의 흥미와 관심, 그리고 배움이 일어나는 상황을 가장 잘 판단하면서 유아를 지원하는 역량을 발휘하는 사람이다. 이러한 교사가 있는 교실에서 유아는 자발적으로 하고 싶은 일에 참여하며 자기선택과 결정에 따른 책임을 지는 경험을 통해 자율성을 기른다. 이를 위해 개정누리과정에서는 교사가 계획안 형식과 방법, 흥미영역 운영의 방식, 5개 영역 통합방식의 다양성, 그리고 평가에 있어 자율적 실행이 가능해야 하지만 개정 이전 교사지도서의 계획안 형식이나 생활주제는 일괄적 운영을 조장하면서 교사의 자율성을 방해하고 이는 유아의 자율성에도 영향을 미친다고 본다.

개정누리과정에서 강조하는 교사와 유아의 자율성은 바로 구성주의 교실에서 실행되고 있다. 구성주의 교실의 교사는 반성적 사고를 통해 자신의 실행을 되돌아보며 유아를 지원하기 위한 고민을 하면서 자율적으로 교실을 운영해간다. 이 반성적 사고는 자율성을 증진시키는 힘이 된다(Piaget, 1932). 그래서 구성주의교육을 실행하는 기관에서는 모든 교실에서 똑같은 실행을 하는 것이 아니라 자기

교실공동체의 관심과 흥미가 반영된 자기 교실만의 실행이 일어나는 것이다(곽향림, 2015, 2016). 즉 교사는 자기 교실 실행에 주도적으로 참여한다. 그래서 전날 평가에 따라 작성한 지원계획조차 구애받지 않고 그날 유아의 놀이 흐름에 따르며, 흥미영역은 필요에 따라 자유로운 배치가 가능하도록 융통성을 가지고 운영하고, 5개 영역 통합방식이나 평가도 자율적 실행이 가능한 것이다. 이러한 교실에서 유아 역시 놀이와 삶에 주도적으로 참여하고, 이 과정에서 일어나는 교실의 문제를 민주적으로 해결해 가며, 교사와 유아가 공동주체성을 가지고 협동과 상호존중의 교실공동체를 만들어간다.

구성주의 교실에서 자율성은 교실의 사회도덕적 분위기로부터 실현된다. 교사가 자기 권위를 축소하고 교실공동체의 한 구성원으로서 유아와 동등한 관계를 맺으려고 노력하는 교실에서는 유아의 자율적 참여는 당연히 실현된다. 구성주의 교육을 개발한 DeVries박사는 구성주의교육에서 가장 우선으로 고려해야 하는 것이 바로 교실의 협동적인 사회도덕적 분위기 조성이라고 강조한다(DeVries & Zan, 1997, 2012). Piaget(1932/1965)는 아동과 성인 간의 관계를 강요와 억압의 관계와 협동의 관계로 구분하며 강요와 억압의 관계는 타율성을 기르고 협동의 관계는 자율성을 기른다고 했다. 따라서 자율성을 돕는 중요한 방법은 교실의 사회도덕적 분위기 조성에 있다고 할 수 있다. 이런 교실에서 유아중심, 놀이중심은 자연스럽게 일어난다.

Piaget의 두가지 유형의 성인-아동 관계

강요와 억압의 관계	상호존중과 협동의 관계
강압적 권위나 외적 규칙에 순응	반성적 사고를 이끌어 냄
지적, 도덕적으로 타율적 인간	지적, 도덕적으로 자기 행동을 규제하는 자율적 인간으로 성장

2) 구성주의 관점에서 2019개정누리과정 실천방안 모색

개정누리과정 실천방안은 먼저 교육적 관점의 전환을 확고히 하고 그에 따른 실천적 지식을 구체화하는 것이다. 구성주의 관점은 위에서 살펴보았듯이 유아중심, 놀이중심, 자율성을 강조하고 있다는 점에서 개정누리과정의 교육적 패러다임과 그에 따른 실천적 지식을 확고히 하도록 돕는다.

따라서 교육적 관점의 전환 즉 '어떻게 바꾸어야 하나'를 위해 누리과정에서 강조하는 교사와 유아가 '함께 만들어가는 교육'이 구성주의 관점에서 구체적으로 무엇을 의미하는지 살펴볼 필요가 있다. 다음에 이러한 구성주의 관점에 따른 실천적 지식 즉 '무엇을 해야 하나'를 위해 유아주도(중심)의 공동체적 삶을 위한 교육과정과 놀이중심교육과정의 설계를 살펴보는 것은 누리과정 실천이라는 과제를 해결해가는 지름길이 될 것이다.

구성주의 관점에서 누리과정 실천방안

⬇ 교사 주도교육적 관점의 전환 어떻게 바꾸어야 하나	⬇ 실천적 지식 무엇을 해야하나?
교사와 유아가 '함께 만들어가는 교육'을 통해 구성주의교육의 관점을 제시	공동체적 삶 안에서 놀이중심교육이 일어나는 교육의 설계와 실천적 지식을 통해 구성주의 관점에서의 누리과정 실천방안 제시

Ⅱ
함께 만들어가는 교육

본 장에서는 2019개정누리과정의 교육적 패러다임의 전환을 위해 먼저 구성주의 관점에서 함께 만들어가는 교육의 의미와 의의를 살펴보고, 교육과정의 공동 디자이너로서 교사와 유아의 특성을 살펴본 후, 마지막으로 함께 만들어가는 유아중심, 놀이중심의 교육을 제시하고자 한다. 이로써 교육적 관점을 어떻게 바꾸어야 하는지에 대해 구체적으로 알아본다.

1. 함께 만들어가는 교육의 의미와 의의

함께 만들어가는 교육은 교사만 교육에 참여하는 것이 아니라 유아도 교육에 참여하여야 가능하다. 이는 교사는 가르치고 유아는 배운다는 기존 개념과 가르침의 의미에 대한 재고를 필요로 한다.

1) 함께 가르치고 함께 배우는 교사와 유아

교사와 유아는 교실의 교수학습공동체 안에 동등한 구성원이며(곽향림, 2008) 공동의 지식구성자로서 함께 가르치고 함께 배운다. 교사와 유아는 함께 놀이를 만들고 함께 놀면서 교실의 삶과 배움의 공동체를 형성하는 것이다.

이는 가르침과 배움의 주체에 대한 재개념화를 요구한다. 가르침은 교사가 하는 것이고 배움은 유아가 한다는 이분화된 고정관념에서 벗어나 교사와 유아가 함께 가르치고 함께 배우는 개념으로의 전환이 필요한 것이다. 즉, 함께 가르치고 함께 배우는 교사와 유아는 교사만 가르치는 것이 아니라 유아도 가르치고 유아만 배우는 것이 아니라 교사도 함께 배우는 교수학습공동체 안에 공동주체성을 가진 사람들이다.

이러한 이미지 전환과 함께 교사의 가르침에 대한 재고도 필요하다. 가르침은 직접 정답을 가르치는 주입식 교육의 관점이 있는가 하면 적절한 자료를 제공하고 적절한 순간에 적절한 질문으로 개입하면서 유아가 내적인 쌍방교류(p.18의 그림 참조)를 통해 생각하는 힘을 기르고 스스로 터득해 가게 하는 가르침도 있다. 후자의 가르침에는 반성적 사고가 필수적이다.

개정누리과정에서의 가르침은 후자에 속한다고 볼 수 있다. 개정누리과정에서 가르침보다 배움에 초점을 둘 것을 강조하는 것은 가르침이 불필요함을 의미하는 것은 아니라고 본다. 혹자는 개정누리과정을 실행하는 교육에서 가르침이라는 용어는 절대 사용해서는 안 될 것처럼 배제하는가 하면 혹자는 '가르치지 말라는데 그럼 교사는 무엇을 해야 하는가?'라는 질문을 하는 경우도 있다. 개정누리과정은 무엇을 가르칠 것인가에 지나치게 신경을 쓰다 보면 자칫 교사주도의 교실이 될 수 있으므로 유아가 무엇을 배우고 있는가에 초점을 맞추어 교실을 운영하면서 유아중심이 될 것을 강조하기 위함이라고 할 수 있다.

교육과정의 공동디자이너로서 교사와 유아가 함께 만들어가는 교육

⇩

교사와 유아 이미지의 재개념화와
교사의 가르침에 대한 재고 필요

교사	가르침
유아	배움

➡

교사와 유아	함께 가르치고 함께 배움

교사의 정답 가르치기 ➡ 반성적 사고를 통한 적절한 질문과 자료로 지원하기

이러한 관점의 전환이 일어날 때 바로 교사 주도적 수업에서 유아 주도적 수업으로의 전환이 가능해진다. 그래서 교사와 유아가 함께 만들어가는 교육이란 바로 교사와 유아가 상호관심을 교류하고 함께 교육과정을 설계하면서 교육과정 운영에 적극적으로 참여하는 교육을 말한다. 즉 교사와 유아가 교육과정의 공동디자이너(곽향림, 2019)가 됨을 의미한다. 이를 전제로 할 때 교사와 유아가 함께 만들어가는 교육과정이 실행될 수 있으며 개정누리과정 실천의 문제를 해결해 갈 수 있을 것이다

2) 살아있는 교육과정

살아있는 교육과정(Hyun, 2008)을 운영하는 과제는 교수학습공동체에 모든 구성원의 몫이다. 교수학습공동체 안에서는 원장, 원감, 교사, 유아 모두 역동적인 관계 속에서 '움직임과 실험'(Olsson, 2017)에 참여하고 때로는 갈등을 겪으며 흔들리고 좌절하기도 하지만 공동주체성을 발휘하며 지속적으로 성장해가면서 함께 교육과정을 만들어가는 일에 참여한다. 같은 연령의 학급일지라도 서로 다른 반 유아들의 서로 다른 문화와 발달로 인해 역동적인 '움직임과 실험'이 다르고 이에 따라 그에 반응하는 교사의 '움직임과 실험'도 다르다. 같은 연령뿐 아니라 모든 연령의 학급에서 같은 주제와 같은 놀이 및 활동을 일방적으로 실행하는 교실

은 움직임과 실험이 사라진 교사주도적 교수학습을 불러오고 결국 교사와 유아의 자율성은 무시되며 타율적 교육과정이 운영되게 한다.

교육과정은 유아를 변화시키지만 유아와 교사가 상호관점을 교류하는 교실에서는 유아 또한 교육과정을 변화시킨다. 흔히 교수학습공동체는 교사만의 배움의 모임이라고 생각하지만 이런 관점에서 매일의 교사와 유아와의 만남이 바로 교수학습공동체를 이룬다. 그래서 교실은 살아있는 교육과정을 실현해간다. 구성원 모두가 움직임과 실험으로 살아있는 교육과정을 만들어가는 것이다.

교사와 유아는
공동의 지식구성자이고
교수학습공동체 안의 동등한 구성원임(곽향림, 2008)

⬇

함께 만들어가는 '살아있는 교육과정'의 실현 가능

구성원 모두가
움직임과 실험(Olsson, 2017)으로
살아있는 교육과정 운영

3) 교사와 유아의 역량을 강화하는 교육과정

이렇게 교사와 유아가 함께 살아있는 교육과정을 만들어가는 교실에서 교사와 유아는 교육과정의 공동디자이너로서 함께 미래사회의 삶의 변화를 향해 교수학습을 디자인하며 자신들의 역량을 강화하는 교육과정을 만들어간다. 우리가 한때는 포스트모더니즘을 외쳤고 그러다 4차 산업사회혁명시대를 맞이하여 AI와 빅테이터를 강조했다. 그런데 지금 현실은 포스트코로나시대가 되었다. 미래는 또 어떤 예측할 수 없는 변화가 다가올지 우리는 모른다. 이런 시대에 미래사회에 우리 유아와 교사는 자신들의 역량을 강화시키는 경험을 하는 교육과정을 함께 만들어가야 한다.

결국
교사와 유아가 함께 살아있는 교육과정을 설계하는 교실에서

⬇

교사와 유아는 교육과정의 공동디자이너로서
함께 미래사회에 삶의 변화를 향해 교수학습을 디자인하며
자신들의 역량을 강화하는 교육과정(곽향림, 2015)을 만들어감

2. 교육과정의 공동디자이너로서 교사와 유아

1) 교사의 제안을 변형시키며 놀이 속에서 배움을 만들어가는 유아

교실에서 교사와 유아가 함께 모여 있다고 해서 모두 공동디자이너라고 할 수는 없을 것이다. 공동디자이너로서 교사는 유아에게 배우고 싶고 하고 싶은 것을 직접 질문하고 제안하기도 하지만, 공동디자이너로서 유아는 교사의 제안을 수용하기도 하지만 거부하거나 변형시키기도 하고 때로는 직접 고안하기도 하면서 교육과정을 함께 만들어간다.

개정누리과정을 실행해가는 교사는 유아중심교실에서 교사가 뭔가 제안을 해서는 안되는 것이 아닐까 혹은 교사의 생각을 유아에게 말하는 것은 문제가 되지 않을까 고민한다. 그러나 함께 만들어가는 교실에서는 교사도 교실 안에 하나의 공동체 구성원으로서 유아와 동등한 관계에서 또래처럼 제안하고 유아들은 거부하기도 하는 관계에 있다. 아래 사진의 사례는 이러한 점을 보여준다.

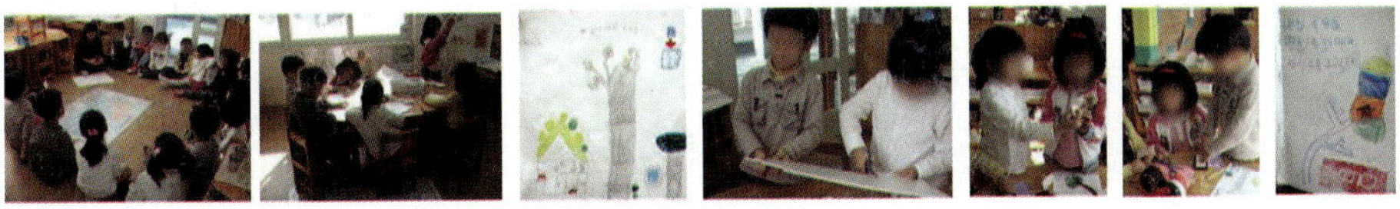

교실에서 교사는 우리나라 전통 그림에 관심을 보이는 만 5세 유아를 지원하기 위해 민속화를 가져와 보여주고 무슨 얘기가 담겼는지 함께 이야기를 나눈다. 그런 후에 자유놀이 시간에 원하는 사람은 그림에 담긴 이야기를 적어보도록 제안한다. 그러나 유아들은 이야기가 아니라 나만의 전통 그림을 그리고 싶다고 말하며 교사의 제안을 변형시킨다. 교사는 유아의 요구를 수용하고 원하는 유아들이 모여 그림을 그리기 시작한다.

그런데 이 유아들의 관심은 사실 교사가 보여준 그림 속의 낙관에 있었다. 자기 그림 위에 자기 도장을 찍고 싶었던 것이다. 유아들은 그림을 그린 후 우드럭을 가져다 도장을 만들어 자기 그림에 찍었다. 한 유아가 무엇을 발견했을까? "아! 깜짝이야." 도장을 찍었더니 그만 이름이 뒤집혀서 나온 것이다. 이 새로운 사실을 알게 된 유아는 다른 유아들에게 급히 알려주어 실수하지 않도록 도장에 이름을 거꾸로 새길 것을 알려주었다.

이런 일들이 어떤 교실에서 일어날까? 권위를 축소하고 교사가 유아와 상호존중과 협동의 관계를 만드는 교실에서 일어나는 것이다. 유아들은 이 교실의 주체가 되어 교사의 제안을 변형해가면서 자발적으로 놀이 속에서 배움이 일어나도록 교육과정을 운영해가길 원했다. 즉 유아가 주체가 되어 교사의 제안을 변형시키고 자기가 원하는 놀이를 만들어가면서 교육과정의 공동디자이너가 되었던 것이다. 교사는 그런 유아의 능력을 발견하고 인정하며 공동주체성 확립을 통해 동등한 관계를 유지하고자 노력하고 있었다. 즉 교사의 권위축소로 유아와 상호존중과 협동의 관계(Piaget, 1932)를 만들면서 공동디자이너가 되었던 것이다.

2) 함께 놀면서 유아의 생각을 인정하고 놀이에 반영하는 교사

교사는 유아와 함께 놀면서 놀이를 지원해줄 수 있다. 다음 두 사진에는 유아들의 병원놀이에 교사가 환자가 되어 들어가고 마지막 사진에는 교사가 결혼식 놀이에 파트너가 없는 신랑에게 신부가 되어주고 있다.

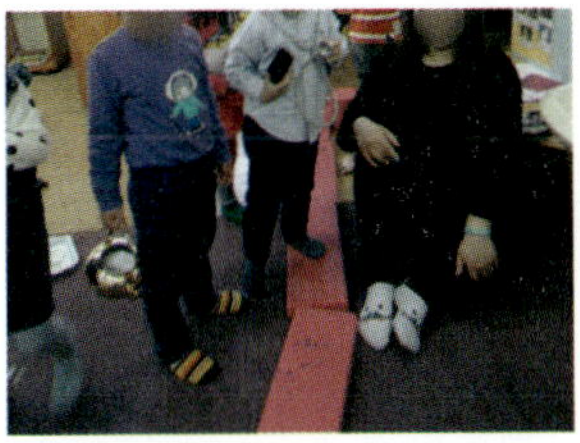

(곽향림, 2015에서 사진인용)

처음 사진에서 만 3세 동물병원놀이에 참여한 교사가 토끼 환자가 되어 깡충깡충 뛰어 들어가 "배가 아파서 왔어요. 치료해주세요." 하자 유아들이 작은 우레탄 블록 하나를 갖다 놓고 "침대에요. 누우세요."라고 말한다. 교사가 "작아서 누울 수 없어요." 하면서 떨어지는 시늉을 하자 만 3세 유아들은 넓이는 보지 못하고 길이만 보면서 몇 개를 더 이어 길게 만들어놓는다. 교사가 다시 한번 "좁아서 떨어져요." 하면서 떨어지는 시늉을 하자 유아들은 "그냥 누우세요. 빨리 누우세요. 치료해줄게요."라고 요구하고 교사는 더는 유아들의 놀이를 방해하고 싶지 않아 그대로 누워서 치료를 받는다. 교사는 이런 놀이 장면에서 피아제 이론에서 배운 '중심화 현상'을 직면하게 되고 이런 유아들에게 어떻게 대처해야 하는지 실천적 지식을 구성해간다. 이런 교실에서 교사와 유아는 서로의 삶에 관여하여 서로 무엇을 원하는지, 무슨 생각을 하는지, 왜 그런 행동을 하는지에 대해 유심히 민감하게 서로 반응해주는 관계를 만들어간다. 교사와 유아는 함께 노는 공유경험(Selman, 1980)의 관계 속에서 공동체적 삶을 공유하며 서로 간에 친밀감과 애착을 형성하고 그래서 유아들은 교사의 요구를 잘 들어주고 싶어진다. 이런 교실에서 교사와 유아가 교수학습공동체를 만들어가면서 함께 가르치고 함께 배우는 일이 일어난다(곽향림, 김은정, 2018).

3. 함께 만들어가는 유아중심, 놀이중심의 교육

살아있는 교육과정(Hyun, 2008)은 유아를 변화시키지만 유아의 관점을 반영하는 협동적인 교사가 있는 교실에서 유아는 교육과정을 변화시킨다(곽향림, 2015, 2016). 교사는 공동체 교실을 만들어서 공동주체성을 확립하고자 하고 순환적 실행-평가-계획을 해가면서 실행연구를 한다. 그러면서 유아의 발전적 변화와 성장을 돕는다. 유아는 흥미·실험·협동의 놀이를 하면서 역동적 상호교류 속에서 '아, 내가 이런 행동을 했더니, 이런 반응이 나타나네.'와 같은 반성적 사고 과정에서 주체성과 자율성을 기른다. 그래서 살아있는 교육과정을 만들어가고 서로를 변화시키면서 함께 만들어가는 교육과정을 운영해간다 이 과정에서 놀이중심, 유아중심의 교육이 일어나면서 유아뿐 아니라 교사 역시 핵심역량의 발현으로 교사와 유아가 함께 성장해가게 되는데 이것이 바로 함께 만들어가는 교육의 정체라고 할 수 있다.

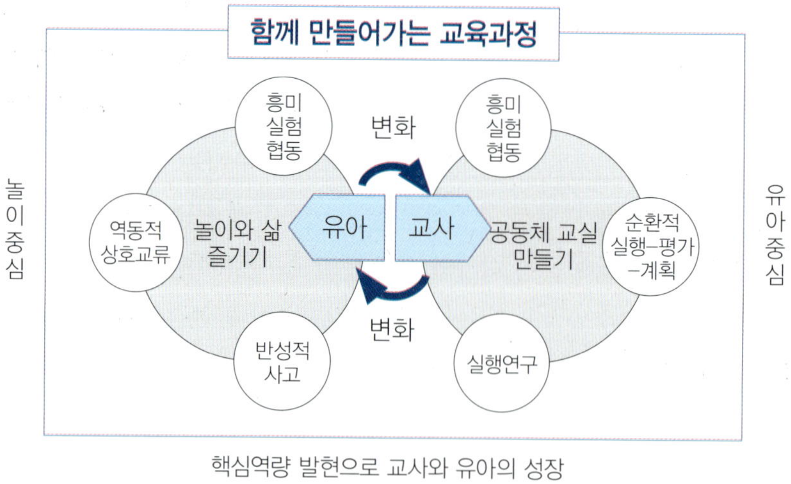

핵심역량 발현으로 교사와 유아의 성장

이렇게 함께 만들어가는 교육은 위의 그림처럼 묘사해볼 수 있는데 이는 마치 함께 만들어가는 교육과정이 두 가지로 따로따로 실행되는 것처럼 보인다. 그러나 사실은 아래 그림에서 보듯 교사가 만든 공동체 교실 안에서 오직 유아의 놀이와 삶을 즐기는 일이 가능해짐을 밝힌다.

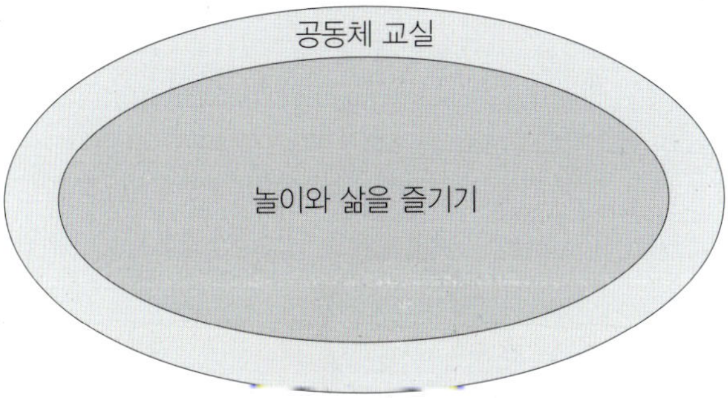

1) 유아의 놀이와 삶 즐기기

교사가 만든 공동체 교실에서 유아는 놀이와 삶을 즐긴다. 이러한 놀이와 삶에는 앞장의 '함께 만들어가는 교육과정' 그림에서 보듯 유아의 흥미·실험·협동이 일어나고, 역동적 상호교류와 반성적 사고가 일어난다. 다음에서 이를 살펴본다.

가. 놀이 속에서의 흥미·실험·협동

놀이 속에서 유아가 보여주는 흥미·실험·협동은 구성주의교육의 핵심원리이다. 공동체 교실에서 유아는 흥미로운 주제나 매체에 대한 발현적 아이디어를 가지고 놀게 되는데 바로 이 흥미와 호기심이 주도적으로 놀이를 이어가게 하는 원천이다. 이 과정에서 유아는 더 재미있는 놀이를 위해 아이디어를 내다 문제에 봉착하기도 하고 이 문제를 해결하기 위해 새로운 아이디어를 내지만 실수로 인해 원하는 결과를 얻지 못했을 때는 반성적 사고를 통해 새로운 행동을 가해보면서 결국 성공하게 된다. 이 과정이 바로 실험이다. 이런 상황에서 또래 간 상호교류 속에 갈등이 일어나기도 하는데 친한 친구들과 공유경험을 통해 형성해온 애착은

이 갈등을 협동적으로 해결해가면서 놀이와 삶을 즐기게 한다. 물론 이 과정에서 또래의 협력이나 교사의 적절한 개입으로 지원을 받기도 한다. 그래서 흥미 있는 놀이에 몰입하면서 실험하고 또래와 협동하면서 유아는 총체적 역량을 발휘해 간다.

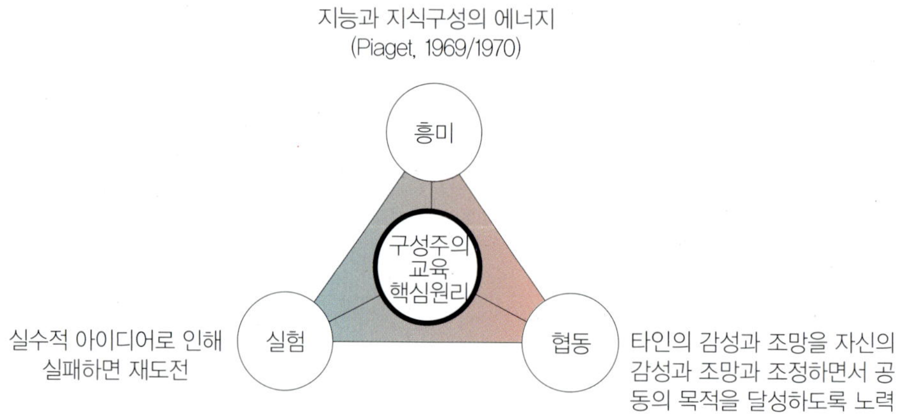

나. 역동적 상호교류

구성주의 교실에서는 유아가 놀이에 몰입할 때 흔히 또래 간에 활발한 상호교류를 하면서 집단역동성을 보여주곤 한다. 집단역동성이란 집단 내 구성원 간에 상호작용이 일어날 때 서로의 힘이 상호전달되면서 서로서로 영향을 미쳐 각 구성원의 생각이나 태도, 그리고 행동에 변화가 일어나는 것을 의미한다(권기성, 오창택, 2010).

다음 장에 제시하는 사진에서 유아들 간에 상호교류가 활발하게 일어나고 있는 사례를 볼 수 있다. 유아들은 동화에 나오는 금도끼, 은도끼, 쇠도끼를 어떻게 만들 것인가를 위해 서로 의견을 주고받고 있다. 한 유아가 "도끼는 뭘로 만들지?" "이렇게 만들면 어때?" 그러면 옆의 유아가 "이게 문제잖아." "그러면 이렇게 하면 되지." "그럼 이건 어떻게 하지?" "이렇게 하면 되지."라고 생각을 주고받으면서 유아들이 네모상자를 가지고 삼각형의 도끼날을 만들고 도끼날이 도낏자루에서 떨어져 나가는 문제를 가지고 고심한다. 유아들은 어떻게 튼튼하게 기역 자 모양의 도끼를 만들어갈 것인지 상대방의 반응에 힘입어 다시 새로운 생각을 만들어내면서 계속 발전적으로 아이디어를 모아가고 있다. 모양이 완성되자 이번에는 어떻게 금, 은, 쇠를 나타낼 것인지 고민한다. 한 유아가 "부엌에 가서 조리사 선생님에게 호일 달라고 하면 되잖아." "금도끼는?" "노란색 매직으로 칠하면 되지." 이렇게 결국 튼튼한 금도끼, 은도끼, 쇠도끼를 만들어낸다. 교실에서는 이렇게 유아들이 역동적으로 상호교류하면서 서로 간에 아이디어를 주고받으며 창의적 사고를 해가는 것을 볼 수 있다(곽향림, 2015).

다. 반성적 사고

반성적 사고는 사물이나 자아에 대한 사고 과정을 되돌아보면서 성찰하는 것으로 듀이에 의하면 문제해결의 심리적 과정을 나타내는 말이다. 앞서 얘기했듯이 이 반성적 사고는 유아에게도 바로 자율성을 증진하는 힘이 된다(Piaget, 1932). 구성주의 교실의 유아는 놀이와 삶 속에서 반성적 사고를 통해 생각하는 힘을 발휘하고 또 증진시킨다. Piaget(1932/1965)는 성인과 아동이 강요와 억압의 관계에 있을 때 아동은 강압적 권위나 외적 규칙에 단순히 순응하게 되면서 지적으로나 도덕적으로 타율적이 되는 반면 상호존중과 협동의 관계에 있을 때 반성적 사고를 끌어내고 지적으로나 도덕적으로 자기 행동을 규제하는 자율적 인간으로 성장해 간다고 했다.

그런데 반성적 사고는 강요와 억압의 관계가 아니라 앞에서 보았듯 상호존중과 협동의 관계에서 일어나게 된다. 유아는 상호존중과 협동적 분위기에서 지적 도덕적으로 자기 행동을 규제하는 자율적 인간으로 성장해간다. 누리과정이 강조하는 유아의 자율성은 바로 반성적 사고를 통해 가능해지며 공동체 교실에서 놀이와 삶을 진정으로 즐길 수 있게 하는 원천이다. 결국, 반성적 사고가 바로 자율성을 증진시키는 요소인 것이다.

2) 교사의 공동체 교실 만들기

공동체 교실은 교사가 유아와 상호존중과 협동의 관계를 통해 공동주체성을 확립하고 실행-평가-계획의 순환적 과정을 운영하며, 반성적 사고에 의한 실행연구를 하면서 만들어간다. 이들을 구체적으로 살펴본다.

가. 공동주체성

공동주체성은 공동체 교실 안에서 다양한 생각과 요구를 지닌 '우리 반 구성원'이 때로 갈등을 겪지만 이를 조절해가며 '공동의 목적'을 향해가는 가운데 구성원 개개인이 '나와 너의 생각'을 가지고 자기 주체성을 발휘해 가는 것을 의미한다. 이런 공동주체성을 가진 유아는 자발적으로 놀이를 만들고, 또 교사의 제안을 수용하거나 거부하기도 하고 자신들의 흥미에 맞게 변형시키거나 직접 제안하기도 하면서 교육과정을 함께 만들어간다. 교사 역시 공동체 구성원의 한 사람으로서 유아에게 자기 생각을 말하거나 제안을 할 수 있는데 이는 교사의 권위로부터 나오는 것이 아니라 또래와 함께 놀고 학습하는 동등한 관계에서 나오는 것이다. 이렇게 교사와 유아가 서로서로 공동주체성을 발휘할 수 있을 때 교사와 유아는 함께 공동체 교실을 만들어 간다.

나. 순환적 실행-평가-계획

구성주의 교실의 교사는 실행-평가-계획의 순환적 과정을 거쳐 교육과정을 운영한다. 순환적 과정이란 하나의 실행을 위해 '실행 후 평가'로 한 번만 실행-평가-계획이 일어나는 것이 아니라 '실행 중 반성적 평가'로 재계획을 하며 원래의 계획이 무산되거나 변형될 수도 있음을 의미한다. 그림에서 보듯 실행-평가-계획의 과정은 돌고 도는 것이다.

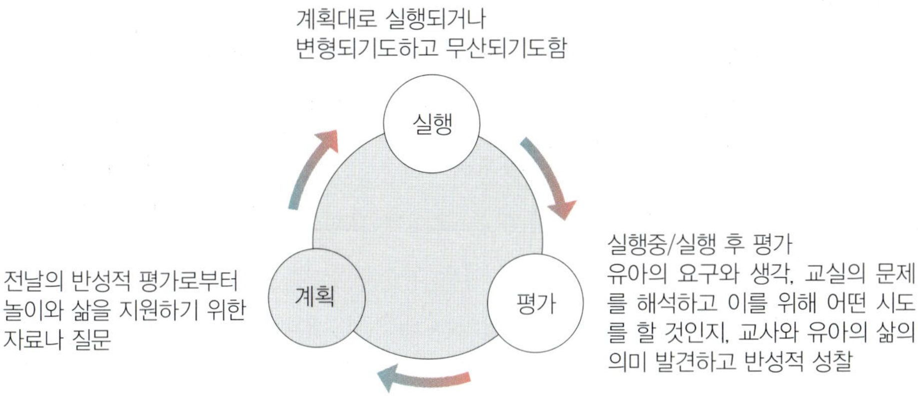

이번 개정누리과정은 계획이란 실행 전이 아니라 실행 후에 세우는 것임을 강조하기 위해 실행–평가–계획의 순서를 강조하고 있지만 반성적 평가를 통해 지원계획을 세우는 구성주의교육에서는 일상적인 순환적 과정이다. 계획은 전날의 반성적 평가로부터 놀이와 삶을 지원하기 위한 자료나 질문이 될 수 있다. 실행에서는 더 첨가해 준 자료가 어떤 식으로 유아들에게 유용하게 사용되고 있는지, 그리고 놀이를 지원하기 위한 가장 적절한 순간은 언제인지를 찾아서 개입한다. 그러나 유아의 놀이에서는 예견하지 못했던 뜻밖의 상황이 언제든지 일어날 수 있다. 이때는 자신의 교육철학에 따라 일관성 있게 순간적인 판단을 하며 개입여부와 개입방식을 신중하게 결정해야 한다. 실행 후 평가에서는 하루 일과가 끝난 후 유아의 요구와 생각, 교실의 문제를 해석하고 내일을 위해 어떤 시도를 할 것인지 숙고한다. 이렇게 교사는 순환적 실행–평가–계획을 통해 교사와 유아의 삶의 의미를 발견하면서 발전적으로 교육과정을 실행해간다.

다. 실행연구

교사는 현장에서 실행연구를 통해 전문가가 되어간다. 오랜 경력이 자동으로 교사를 전문가로 만들지는 않는다. 자신의 실행에 대한 반성적 성찰과 이를 유아와의 삶 속에 반영하여 발전적인 교실을 만들어가려는 교사의 노력으로 이루어진다.

실행연구를 하는 교사는 자신이 맡은 교실에 모인 유아들이 드러내는 앎에 대한 특별한 요구는 무엇인지에 대해 유아의 목소리를 경청하고, 때로는 유아가 배우기 원하는 요구를 교사가 놓치고 있지는 않은지, 유아에게 무의미한 내용지식을 강요하고 있지는 않은지를 반성적으로 성찰한다. 이와 더불어 유아의 공평한 삶이나 공동주체성에 문제는 없는지를 비판적 시각과 반성적 사고로 성찰한다.

이런 교사는 유아가 무슨 생각을 하는지, 교실의 문제는 무엇인지, 유아의 생각을 어떻게 실제에 반영하고, 교실의 문제는 어떤 식으로 유아들과 함께 해결해 갈 것인지에 대한 고민을 통해 실행을 위해 이렇게도 시도해보고 저렇게도 시도해보면서 더 나은 교수법을 찾아가려 한다. 이 과정에서 교사와 유아의 삶의 의미를 발견해가며 늘 자신의 실행을 반성적으로 성찰하고 연구함으로써 전문성을 향상해간다.

- 유아의 공평한 삶이나 공동주체성에 문제는 없는가?
- 유아들의 드러내는 앎에 대한 특별한 요구는 무엇인가?
- 유아가 배우기 원하는 요구를 교사가 놓치고 있지는 않았나?
- 유아에게 진정으로 의미를 지니는 내용과는 다른 내용지식을 강요하고 있지는 않은가?
- 유아가 무슨 생각을 하는가?
- 교실의 문제는 무엇인가?
- 유아의 생각을 어떻게 실제에 반영하고, 교실의 문제는 어떤 식으로 유아들과 함께 해결해 갈 것인가?

Ⅲ
구성주의 관점에서의 누리과정 실천

본 장에서는 구성주의 관점에서의 누리과정 실천을 위해 유아주도(중심)의 공동체적 삶을 위한 교육과정과 흥미·실험·협동의 놀이중심 교육과정을 제안하며 이의 설계와 실천방안을 통해 교사의 실천적 지식구성을 돕고자 한다.

1. 유아 주도의 공동체적 삶을 위한 교육과정 설계와 실천

유아중심은 유아가 놀이와 삶을 자신이 주도해가면서 자기 흥미와 요구 그리고 목적을 실현해가도록 돕는 것이다. 이는 공동체적 삶을 통한 살아있는 교육과정을 설계하고 실천하면서 가능해진다. 이를 위해 교사는 우선 협동적인 사회도덕적 교실분위기를 조성하고, 둘째 공동체 구성원 간에 역동적인 교류가 있는 교실 공동체를 운영하고, 셋째 갈등의 협동적 해결을 도우며 마지막으로 삶의 문제에 대한 민주적 해결이 일어나도록 도모할 수 있다. 이를 하나씩 살펴본다.

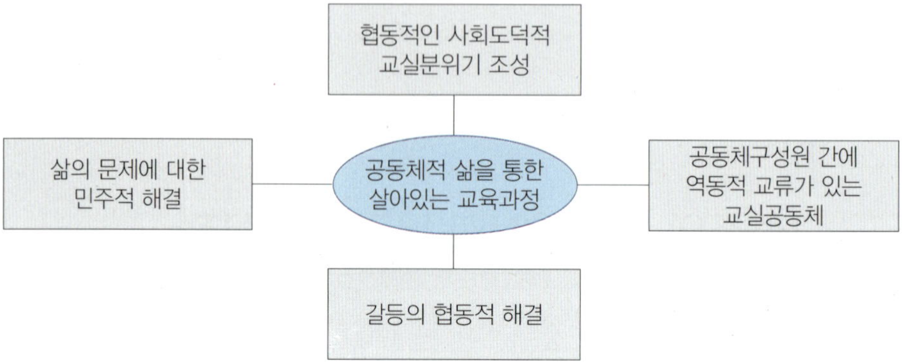

1) 협동적인 사회도덕적 교실분위기 조성하기

공동체교실 만들기의 가장 우선적인 방법은 협동적인 사회도덕적 교실분위기를 조성하는 것이다. DeVries와 Zan(1997, 2012)은 교수방법이 서로 다른 세 교실의 사회도덕적 분위기에 대한 연구를 통해 신병훈련소 교실, 공동체교실, 그리고 공장교실의 특성에 대해 설명한다. 신병훈련소나 공장교실에는 교련하사관이나 관리인과 같은 교사가 권위를 가지고 강요와 억압의 분위기 안에서 타율적인 유아를 기르는 반면 구성주의 공동체 교실의 교사는 가능한 자기 권위를 축소하고 유아와 함께 동등한 관계를 유지하려고 노력하며 유아가 지적으로나 도덕적으로 자율적인 삶을 살아가도록 돕는다. 이는 구성주의교육의 교수학습을 위해 가장 우선적인 교수전략이다.

세 교실의 사회도덕적분위기

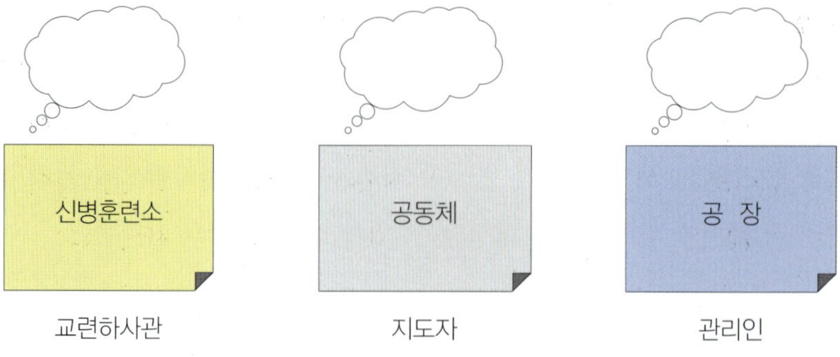

그런데 공동체교실을 조성하기 위한 실제적인 방법으로 DeVries와 Zan(1997, 2012)은 Selman(1980)의 쌍방적 혹은 상호호혜적 수준의 조망수용능력을 요구하는 협상전략과 공유경험의 사용을 제안한다. 협상전략은 주로 대인 간에 문제를 해결하는 과정에서 일어나는 상호작용으로 어느 한 쪽의 세력이 작용한다면 공유경험은 함께 놀고 즐기는 과정에서 세력이 전혀 작용하지 않는 상호작용이라고 할 수 있다. Selman에 따르면 협상전략과 공유경험을 통해 유아는 대인간 이해를 발달시키는데 특히 공유경험은 서로 간에 친밀감과 애착을 형성하게 하면서 협상전략이 보다 더 잘 작용하도록 돕는 역할을 한다. 아래 그림은 수준별 협상전략과 공유경험의 특성을 보여준다.

수준	조망수용능력	협상전략	공유경험
0수준	자기중심적	반영적이지 않은 충동적 싸움	전염성의 모방
1수준	일방적	일방적 명령과 복종 전략	쌍방에 대한 고려가 없는 열정적 표현
2수준	쌍방적	설득, 존중의 전략	유사경험에 대한 공동 반영
3수준	상호호혜적	자타요구를 통합하여 협동적 선택	협동적인 감정이입의 반영적 과정

2) 삶의 문제를 민주적으로 해결하기

교실에서의 유아의 삶은 즐겁기도 하지만 구성원 간의 의견차이나 교실문제로 인해 해결해야 할 사안이 생성되기도 한다. 공동체교실에서 유아 간 삶 속의 공동 이슈는 계속적으로 일어난다. 다음 장의 그림은 결정내리기가 필요한 유아들의 이슈를 보여준다. 이런 문제해결을 위해 유아는 오랜시간 토론을 벌이며 갑론을박하기도 하고 해결이 되지 않으면 규칙제정을 하거나 투표를 하면서 민주적 삶을 살아간다(곽향림, 2008, 2015; DeVries & Zan, 1997, 2012). 이 과정에서 유아는 서로 비판하면서 상처를 주고받기도 하지만 다른 사람의 비판에 대해 자신의 새로운 의견을 생성하고 방어하면서 논리적 사고를 키우며 대인관계에서 힘들지만 갈등을 극복하고 대안을 마련하면서 협동적인 삶을 살아가는 연습을 한다.

결정내리기가 필요한 교실 안 이슈의 예

공평성의 문제 혹은 삶의 딜레마

- 교사 옆에 공평하게 돌아가면서 앉기
- 자전거 공평하게 타기
- 쌓기 영역에 만든 땅속에 너무 많은 사람이 들어가서 생긴 문제해결하기
- 힘든 이야기 나누기 시간 없애기/다시 살리기
- 방과후 과정반의 낮잠 시간의 문제 해결하기
- 동계올림픽 준비에서 나무를 잘라버리고 스키로프를 만들어야 하는가 아니면 나무를 그대로 두고 올림픽을 하지 말아야 하는가의 문제
- 족제비에게 쫓겨 유치원 마당에 나타난 토끼를 기를 것인가, 주인을 찾아줄 것인가의 문제
- 마당에 열린 감을 새들이 먹도록 남겨 둘 것인가, 엄마, 아빠를 위해 집에 가져가기 위해 다 따야 할 것인가의 문제

⇨ 토의나 토론
규칙제정, 투표하기를 통해
삶의 문제를 민주적으로
해결하는 연습하기

3) 공동체구성원과 상호교류하기

인간은 서로 다른 힘, 다른 흥미, 다른 생각, 다른 성격을 가진 다른 사람과의 만남과 부딪침을 통해 서로를 변형시켜간다. 이는 자기 교실 안에서 뿐만 아니라 교실 공간의 개방적 사용이 가능한 교육과정 디자인을 통해 가능해진다. 유아는 다른 반의 또래 혹은 다른 연령 그리고 다른 반의 교사와 만나면서 협상을 하거나 즐거움을 나누는 확장된 기회를 얻을 수 있다.

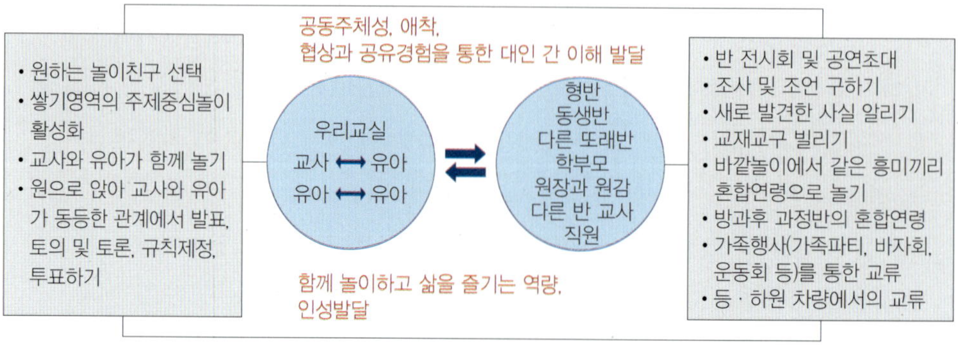

위 그림에서 보듯 유아는 우리교실뿐 아니라 다른 교실 혹은 교사 방과 주방까지 필요에 따라 오고가며 협상과 공유경험을 즐기면서 유아가 대인 간 이해를 발달시켜간다. 우리교실 안에서는 원하는 놀이친구를 선택하고, 쌓기영역이나 역할놀이영역에서의 주제중심놀이를 활성화한다. 또한 교사도 유아와 함께 놀고, 모임시간은 원으로 앉아서 교사만 바라보는 것이 아니라 친구들의 얼굴도 보면서 이야기 나누고, 토의 및 토론을 하고, 규칙제정 및 투표를 하면서 유아는 공동주체성을 길러갈 수 있다. 더 나아가 다른 교실이나 다른 공간과도 소통하면서 좀 더 대인관계를 확장해가는데 반 전시회 및 공연에 초대하거나 조사 및 조언을 구하고 또 교재교구를 빌리기 위해 유아는 다른 사람의 입장을 고려한 협상전략의 필요성을 경험하기도 한다. 바깥놀이나 방과후 과정반 혹은 등·하원 차량에서 혼합연령으로 놀고 이야기나누는 경험이나 더 나아가 가족행사를 통해 다른 가족도 만나면서 유아는 대인관계 경험을 넓혀간다.

4) 갈등의 협동적 해결

공동체 교실에서 개인 간 갈등은 필연적으로 일어나는데 이 갈등이 바로 협동의 자원이다. 공동체 교실에서는 또래 간 상호교류가 활발하게 일어나므로 자연스럽게 유아 간 갈등이 초래된다. 혹자는 갈등이 없는 교실이 더 바람직하지 않나 의아해한다. 그러나 서로 다른 사람들이 모인 집단에서 작고 큰 갈등은 언제든지 있기 마련인데 문제는 공동의 목적을 위해 문제를 어떻게 협동적으로 해결해 가면서 더 나은 공동체의 삶을 살아가는가에 있다. 이때 중요한 것은 다른 사람의 관점에서 생각할 수 있는 조망수용능력이다.

2. 흥미·실험·협동의 놀이중심교육과정 설계와 실천

흥미·실험·협동의 놀이중심교육과정은 아래 그림에서 보듯 8가지 측면으로 이루어진다. 이는 진정한 자유선택에 의한 놀이, 흥미·실험·협동이 있는 놀이, 매체중심놀이와 주제중심놀이, 연속적 놀이와 일회성 및 틈새놀이, 만들어가는 교재교구와 공간구성, 가르치는 순간과 배움의 순간, 순환적인 실행-평가-계획, 그리고 하루 일과 속의 놀이와 삶 측면에서의 설계와 실천이다. 이를 차례로 살펴본다.

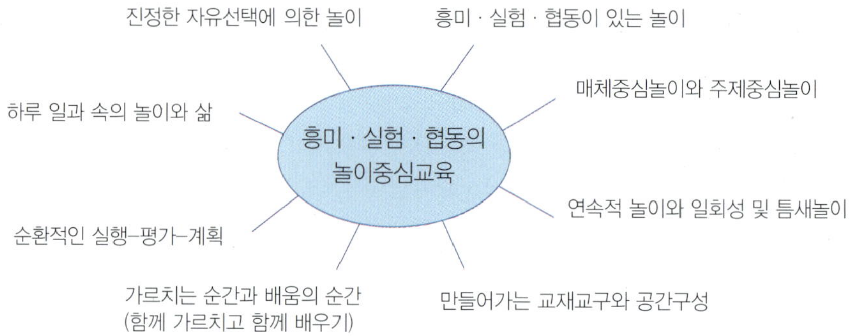

1) 진정한 자유선택에 의한 놀이하기

구성주의 교실에서는 진정한 놀이가 일어난다. 바로 유아가 놀이주제, 놀이친구, 놀이자료, 그리고 놀이공간을 자율적으로 선택할 수 있기 때문이다. 구성주의 교실에서 놀이는 유아의 흥미와 호기심으로 시작하고 이러한 흥미가 친한 친구에게 전해지면서 함께 놀게 된다. 때로는 친한 친구와 미리부터 무엇을 하고 놀지 놀이시간 전부터 정해놓기도 한다. 친한 친구와 놀 때 놀이는 더 재밌어진다. 상호교류 속에서 서로의 생각에 힘입어 미처 생각하지 못했던 요소가 더 첨가되고 그에 힘입어 나도 다른 아이디어가 떠오르는 경험을 유아도 즐기기 때문이다. 유아는 놀이에 필요한 놀잇감이 무엇인지 어떻게 만들지, 또 어디서 놀지를 친구와 의논한다. 필요하면 공간도 재배치하며 자신들이 놀 공간을 주도적으로 선택한다. 이렇게 진정한 자유선택이 가능한 교실에서 유아는 진정한 놀이에 몰입한다.

2) 흥미·실험·협동이 있는 놀이

교실에서 흥미·실험·협동이 있는 놀이가 일어나기 위해서는 다양한 자료를 제공하고 또래 간 상호교류를 격려하면서 적절한 순간에 적절한 질문으로 상호작용하는 것이 필요하다. 다음에 각 흥미·실험·협동을 위한 실제적인 교수법과 질문의 예를 제시한다.

가. 흥미

- 흥미를 자극하는 질문이나 자료를 제공한다.
  - 이것으로 무엇을 해볼 수 있을까?
  - 구슬이 교실 저 끝까지 굴러가게 만들 수 있겠니?
  - 구슬이 경사로 위쪽으로 가게 만들 수 있을까?
  - 구슬을 움직이게 하려면 어떤 것을 바꾸어야 할까?
- 세밀한 관찰을 통해 유아의 진정한 흥미를 발견하여 지원한다.
- 반성적 평가에 의한 지원계획일지라도 유아의 흥미에 따라 변형해 간다.
- 유아에게 원하는 놀이를 직접 질문할 수 있다.

나. 실험

- 자발적으로 실행하는 놀이 속에서 보여주는 실수적 아이디어(오개념)를 존중하면서 실수로 인한 정보에 근거한 실험을 하도록 격려한다.
- 적절한 질문으로 반성적 사고를 격려한다.
  - 무슨 일이 일어났니?
  - 무엇이 문제니?
  - 어떻게 하면 원하는 결과를 볼 수 있을까?
  - 무슨 일이 일어날지 궁금해.
  - 아 너는 그게 가라앉을 거라고 생각하는구나?
  - ○○는 이렇게 생각하는데 너는 어떻게 생각해?
  - ○○는 물이 잘 나오는데 너는 잘 안나오네. 무슨 일이지?
  - 어떻게 하면 경사로에서 구슬이 더 멀리 갈 수 있을까?

다. 협동

- 의견차이로 인한 이슈에 대해 민주적 해결의 경험을 지원한다.
- 주제중심놀이 등에서 반성적 평가를 하면서 공동의 목적을 달성하기 위해 서로의 의견을 조정해가는 경험을 지원한다.
- 유아의 갈등에 대한 모든 느낌과 지각을 인식/수용/타당화 한다.
- 유아가 서로에게 느낌과 원하는 것을 말로 표현하도록 하고 서로 이야기를 들을 수 있도록 도와준다.
- 삶 속에서 다른 사람이 무엇을 알고, 무슨 생각을 하고, 무엇을 느끼는지에 관심을 기울이는 연습을 통해 필요할 시 도움을 주고받을 수 있도록 격려한다.
- 공유경험 지원과 애착 형성으로 갈등의 협동적 해결을 돕는다.

3) 매체중심놀이와 주제중심놀이

가. 매체중심놀이와 주제중심놀이의 특성

교실에서 일어나는 유아들의 놀이는 대체로 매체중심놀이와 주제중심놀이로 구분해볼 수 있다. 물론 교실에서는 매체중심놀이가 주제중심놀이로 발전하고 주제중심놀이 속에서 매체중심놀이가 일어나기도 한다. 이 두 가지의 특성을 파악해보는 것은 교사의 놀이 지원을 돕기 위함이다.

매체중심놀이는 자료를 중심으로 일어나는 놀이로 예를 들면 경사로(이경우, 곽향림, 천선, 2014), 진자, 체스와 같은 그룹게임, 패턴블록이나 카프라 혹은 유니트 블록과 같이 쌓기나 끼우기 위한 자료, 종이, 물감, 찰흙, 빔프로젝터나 OHP, 물, 모래, 다양한 재활용품 등으로 주로 자료의 속성에 몰입하게 되는 놀이라고 할 수 있다. 이는 매체 자체의 속성도 있지만 경사로나 빛과 그림자, 진자놀이 등과 같이 유아가 매체를 가지고 만들어낸 현상으로 실험을 즐기게 되는 경우도 있다.

주제중심놀이는 주변에서의 경험이나 시사, 동화내용 혹은 놀이자료로부터 시작된다. 주로 가게놀이나 병원놀이, 자동차놀이, 요리하기와 같이 유아의 주변생

활의 경험이나 관심사가 놀이로 재현되는 경우가 많다. 이러한 놀이는 주로 역할놀이영역이나 쌓기영역에서 재현되면서 놀이에 반영된다. 교실에 들어서자마자 유아는 친한 또래 간에 가정에서의 경험을 서로 나누고 놀이가 시작되기 전부터 오늘 무슨 놀이를 할지 주제를 공유하기도 한다.

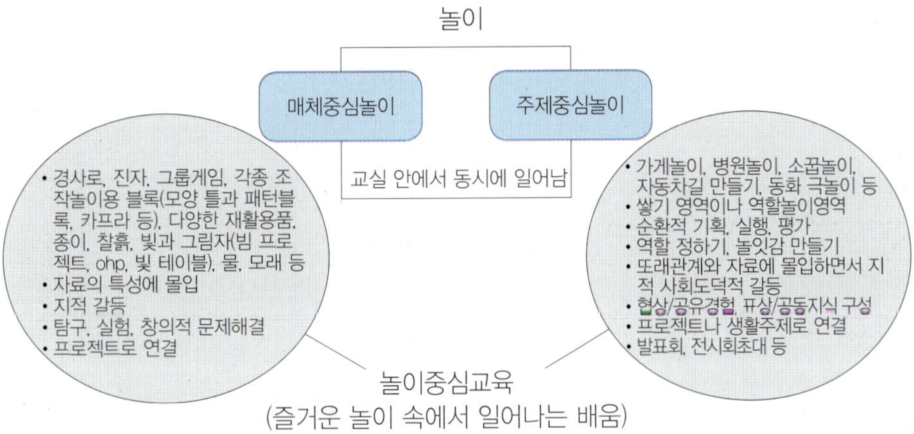

주제중심놀이는 또래 간에 교류가 더 활발히 일어나게 하는 경향이 있다. 그래서 주제중심놀이에서는 또래 간 갈등이 일어나기도 하지만 때로는 집단적으로 협력이 일어나거나 역할분담을 하면서 전시회나 인형극 등을 기획하고 다른 반을 차례로 초대하여 발표회를 가지면서 유아들 간에도 순환적인 실행-평가-계획을 주도적으로 운영하기도 한다. 더 나은 공연을 보여주고 싶은 열망에서 유아들은 자신들의 실행에 대해 자발적으로 반성적 평가 모임을 갖기도 한다. 흔히 주제중심놀이는 다른 반을 초대하여 전시회나 인형극 공연을 하면서 마무리를 한다. 이 과정에서 유아는 자신들의 실행에 대해 비판적 분석을 하고 더 나은 공연을 위한 방법을 찾아 또 다른 반을 초대한 공연에 반영한다. 이런 측면에서 주제중심놀이는 매체중심놀이에 비해 비판적 사고와 반성적 사고를 기르고 자기 반의 전반적인 일을 돌아보고 총체적으로 기획하는 역량을 기르게 한다.

나. 매체중심놀이와 주제중심놀이의 병행

유아는 구체적인 놀이주제나 놀이매체를 가지고 논다. 그래서 유아주도의 놀이가 실행되는 교실에서는 주제중심놀이와 매체중심놀이가 자연스럽게 병행된다. 유아는 주제중심놀이가 주류를 이루고 있어도 이와 무관한 놀이를 할 수 있다. 이를 위해 교실에는 다양한 매체가 제공되어야 한다. 그래서 교실에서 유아는 원하는 놀이에 참여하며 삶을 즐길 수 있어야 한다.

유아의 놀이는 매체로부터 시작하기도 하지만 놀이주제로부터 시작하기도 한다. 물론 주제중심놀이에 놀잇감이 필요하기 때문에 유아는 놀이에 필요한 자료를 직접 찾고 또 직접 만들면서 주제중심놀이 안에서 매체중심놀이가 한동안 집중적으로 일어나기도 한다. 그래서 자유놀이에서 때로는 매체중심놀이가 주류를 이루고 때로는 주제중심놀이가 주류가 되기도 한다. 어떤 유아는 매일 매체중심놀이에 주력하고 가끔 관심있는 주제에 참여하기도 한다. 나이가 어릴수록 교실 안에 주제가 여러 개 동시에 진행되곤 한다. 공동체교실에서는 이렇게 매체중심놀이와 주제중심놀이가 유아의 흥미에 따라 자연스럽게 병행된다.

다. 유아가 시작하는 주제중심놀이

주제중심놀이는 유아가 시작할 때 의미가 있다. 교실현장에서는 여전히 생활주제를 많이 실행하고 있다. 개정 이전 누리과정은 생활주제를 제시하여 주제중심놀이를 강조한 반면 이번 2019개정누리과정에서는 생활주제를 배제하면서 물체의 속성을 이용한 매체중심놀이가 두드러진다. 이는 그동안 생활주제가 유아주도의 놀이보다 교사주도의 놀이를 이끌었다는 이유가 크다고 볼 수 있다.

교사주도의 생활주제의 문제를 좀 더 살펴보자. 가장 심한 정도를 보자면 생활주제는 모두 지도서에 있는 것이어야 하고, 그 순서대로 해야 하고, 시작은 당연히 교사가 하는 것이었다. 생활주제가 유아의 흥미로부터 부상하는 것이 아니라(곽향림, 2016) 어제까지 이전 주제가 끝나면 오늘부터 다음 생활주제가 시작되는 식이었다. '우리나라'와 같은 주제는 10월쯤 해야만 한다는 고정관념도 양산했다. 이러한 문제는 유아 개인의 흥미와 관심은 무시하고 교사의 관심만 강조했던 교실에서 발생했다고 할 수 있다. 유아의 흥미가 작용한다면 연중 어느 때나 우리나라에 대한 놀이는 일어날 수 있는 것이다. 심지어는 쌓기영역의 블록에 조차 주제와 관련된 그림을 붙여놓고 유아가 생활주제와 관련된 놀이를 하도록 강요하고 있는 교실도 있곤 했다. 또한 교실의 모든 교재교구가 주제와 관련되어야 하고 교실의 모든 유아가 이 주제에 참여해야 한다는 생각이었다.

사실 교실에서 주제중심놀이는 유아로부터 자연스럽게 부상된다. 유아는 어제 엄마와 다녀온 가게에서 경험한 물건 사고파는 과정을 교실에서 재현하고 싶어 한다. 그래서 쌓기영역에서 블록으로 가게를 만들고 미술영역에서 종이와 상자곽 등을 가져와 물건을 만들고 친한 친구와 함께 가게놀이를 시작한다. 이런 놀이에 관심을 갖는 다른 또래가 점점 늘어나면서 가게놀이는 이 교실의 생활주제로 부상한다. 어느 날부터 모든 유아에게 관심을 갖도록 교사가 동기유발을 하면서 시작하는 생활주제가 아니다.

한 교실에서는 몇몇 유아가 교실에서 싹틔우기를 위해 시작한 화분들을 이용해 꽃가게 놀이를 하고 싶어 하면서 놀이가 시작되어 교실 전체의 생활주제가 된 경우가 있다. 놀이의 활성화를 위해 교사지원으로 계획한 꽃가게 견학을 다녀오며 지역사회 안에서 꽃가게가 어디에 존재하고, 어떻게 운영되고 있는지 경험하고 자신들의 놀이에 이를 반영하면서 꽃가게 놀이는 점점 더 확장되었다. 다음 사진이 사례를 보여준다.

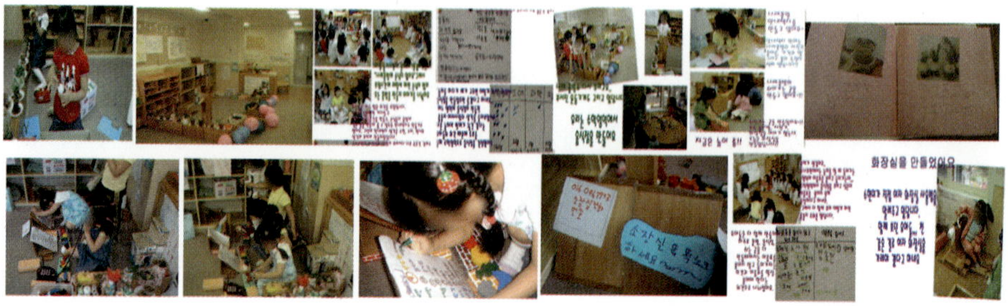

쌓기영역은 꽃방이 되었다. 문제가 생겼다. 손님이 없는 것이었다. 교사가 손님이 되어 "여기 혹시 한눈에 꽃을 볼 수 있는 책자 같은 거 없나요?"라고 물으며 함께 놀기도 했다. 유아들은 곧 모임시간에 어떻게 하면 손님이 많은 꽃방을 만들 수 있을지 생각하기 시작했다. 컴퓨터가 필요하고 가격표, 선생님이 말한 안내 책자도 만들어야 하고, 싸다고 홍보도 해야 한다고 했다. 그리고 놀이를 하다 배고프면 음식을 먹을 수 있는 식당이 필요한데 수학영역에 만들자고 했다. 놀이는 활발해졌다. 원장도 손님으로 갔다. 유아들은 가격과 화초 특징이 적혀있는 안내 책자를 주면서 선택하라고 했고 이어서 '현금이냐 카드결제냐' 그리고 '가져가냐 배달이냐'를 물었다. 원장은 카드결제와 배달이라고 했고 유아들은 몇 시까지 어디로 배달하냐고 물었다. 이는 교사가 놀이확장을 위해 꽃가게 견학을 계획한 덕분이었다. 곧 손님이 많이 모였고 기다리는 손님을 위해 유아들은 꽃방 안에 운동기구를 만들면서 "선생님, 손님이 많이 오면 기다리는 게 힘들잖아요. 기다리는 동안 운동을 하면 건강해지고 좋잖아요."라고 했다.

문제는 또 생겼다. 음식점 들어갈 때마다 매번 수학영역에 이름표를 붙여야 하느냐는 것이었다. 그 당시 영역마다 들어갈 때 이름표를 붙였는데 유아들은 이에 대한 불편함을 지적하며 투표에 부쳤고 불필요하니 없애자고 결정해버렸다. 이 꽃가게 놀이는 4주간이나 진행되었다.

이 놀이는 시작도 유아였고 놀이를 확장해간 주체도 유아였다. 더구나 놀이하면서 교사가 만들어놓은 불편한 교실 운영방법을 지적하며 민주적인 투표하기를 통해 이름표 붙이기 규칙을 제거하기도 했다. 교실공동체교실에서는 이렇게 유아가 자발적으로 교실의 주체가 되어간다.

라. 매체의 속성을 이용하여 놀이를 발전시켜가는 매체중심놀이

매체중심놀이는 앞서도 언급한 바와 같이 매체의 속성에 매력을 느낀 유아가 놀이에 몰입하면서 점차 발전적으로 놀이가 확장되어가는 경우를 많이 본다. 이런 과정에서 매체중심놀이 역시 일련의 연속적 놀이가 되면서 프로젝트나 생활주제가 되기도 한다. 주로 개별 혹은 소그룹 유아의 주제가 되곤 하지만 때로는 관심의 확장으로 대부분 유아의 주제로 확장되기도 한다. 길게는 연간주제가 되기도 한다.

매체중심놀이로는 위 사진에서 보듯 다양한 종류의 블록, 그룹게임, 오조봇, 팽이, 블록이나, PVC 파이프, 몰딩 등을 이용한 경사로, 빔을 이용한 빛과 그림자, 물과 모래를 이용한 물길, 모양틀이 있는 패턴블록(DeVries외, 2007) 등의 다양한 매체를 이용한 놀이를 들 수 있다. 이러한 자료는 유아가 지적 갈등을 겪으며 탐구와 실험이 일어나게 하며 일 년 내내 교실에서 즐기는데 유아는 발달에 따라 서

로 다른 반응을 보이며 도전해 간다. 매체중심은 때로는 프로젝트로 또 생활주제로 발전해가기도 한다.

쌓기영역의 유니트블록이나 공간블록은 개방적인 자료로 유아가 원하는 대로 자동차가 되기도 하고 나무가 되기도 하고 때로는 사람이 되기도 하면서 가상놀이를 즐길 수 있는 교실의 필수 자료이다. 유아는 건축물이나 동물원, 혹은 자동차 길을 만들면서 자신들이 이야기를 만들어가며 결국 주제중심놀이로 연결되기도 하는 좋은 자료이다. 카프라와 같은 작은 블록은 균형을 잡으며 쓰러뜨리지 않기 위한 전략을 세우는 놀잇감으로 유아가 좋아한다.

그룹게임은 체스와 같은 기성제품도 있지만 사진에서 보는 사방치기와 같이 바닥이나 종이에 그려 실내외에서 사용하기도 하고 주제중심놀이와 연관된 게임을 유아나 교사가 만들어서 사용하기도 한다. 유아가 떡가게 놀이를 하면서 자발적으로 '떡가게 가는 길'을 만들기도 한다. 그룹게임은 또래 간에 상호교류가 활발히 일어나게 하는데 이기고 있는 유아는 지면서 속상해하는 유아의 기분을 달래기 위해 일부러 주사위를 큰 수가 나오게 던져주기도 한다. 때로 속임수를 쓰는 유아도 있는데 이기는 것보다는 정직하고 공정한 게임을 하는 것이 더 중요하다는 것을 생각해보게 하는 좋은 기회가 되기도 한다. 그룹게임은 경쟁을 유발한다는 측면에서 부정적 관점을 갖기도 하지만 삶 속에서 이기고 지는 문제를 어떻게 수용하는가는 유아기 때부터 배워가야 하는 일이다. 어떤 만 4세 유아는 지는 것을 힘들어해서 매번 모든 자료를 바닥으로 던지며 울곤 했다. 가정에서 항상 최고이고 1등을 강조했던 경험이 이를 수용하기 힘들게 만든 경우이다. 지면 다시 해서 이길 수 있고, 이기는 것보다 정직하게 최선을 다하며 즐기는 것이 게임에서 중요한 것임을 인식하게 하는 것이 바람직하다.

모래와 물은 바깥놀이에서 무엇보다 유아들의 인기를 끈다. 유아들은 물과 모래를 함께 가지고 놀면서 모래 속으로 스며드는 물의 현상에 호기심을 갖고 물을 모아 물길이나 물구덩이를 만들기 위해 일종의 실험을 즐기곤 한다. 그래서 물과 모래는 가까이 두는 것이 좋다. PVC 파이프는 모래밭에서 물길 만들기에 좋은 보조자료가 되기도 한다. 또 비 온 다음 날 모래밭에 맨발로 들어가 축축한 질감을 느끼는 놀이는 유아들에게 특별한 경험이 된다. 물론 모래 청결 관리는 필수이다.

경사로 놀이는 실내외에서 가능하다. 교실에서는 하나의 몰딩을 블록 위에 올려 경사를 만들면서 시작하는데 유아는 곧 긴 경사로를 만들기 위해 이어가면서 문제에 부딪히곤 한다. 어린 유아는 우레탄 블록으로 경사를 만들어 동물모형이나 자동차를 내려보내면서 기대하는 반응을 보기도 하지만 주로 실패하면서 문제에 직면하기도 한다. 모래밭에서는 사진에서 보듯이 PVC 파이프로 만든 경사로를 만들어 놀잇감이나 모래를 내려보내고 더 재밌는 길을 만들기 위해 다양한 길을 만들다 문제에 봉착한다. 이렇게 매체에 몰입하면서 유아는 자료자체를 즐기지만 심화확장 되면서 놀이 속에서 개인내/개인 간 갈등에 직면하여 지속적 놀이가 동기유발 되며 그 과정에서 배움이 일어나고 그 결과를 가지고 다시 놀이를 즐기지만 또 다른 불평형을 만들면서 일련의 놀이는 지속된다. 이런 과정은 순환적으로 일어나는데 하나의 갈등을 해결하고 즐기다가 또 다른 갈등을 자발적으로 만들면서 점점 더 복잡한 지능과 지식을 구성해간다(놀이즐김−개인내/개인 간 갈등의 해결−진보된 놀이 즐김−또 다른 갈등 해결− 다시 즐김). 교사의 실행연구에 의해 계속적 지원계획(질문, 새 자료, 견학 등)이 일어나면서 놀이는 더욱 발전되고 유아는 놀이와 삶을 즐기게 된다.

실외에서는 햇빛과 유아 자신이 빛과 그림자를 만들어내는 근원이 되지만 실내에서는 빔 프로젝터를 이용하여 '그림자 나라'(DeVries외, 2007)를 만들며 다양한 놀이를 즐기기도 한다. 빔은 빛의 통로를 생성하여 유아가 사라지는 그림자 찾아내기로 호기심과 도전을 하게 만든다.

패턴블록은 교실에서 많이 볼 수 있는 자료로 유아는 각 도형을 이용하여 다양한 모양을 만들어가며 수학적 경험을 한다. DeVries외(2007)는 사진에서 보는 것처럼 이 패턴블록과 함께 사용할 수 있는 모양틀을 소개하여 유아의 수학적 사고력을 돕는다. 유아는 다양한 모양틀 안에 패턴블록을 끼워 맞출 수 있는데 이때 각 블록을 합하고 분할하는 경험과 함께 도형을 옮기거나 뒤집거나 돌리며 도형을 인식하게 된다. 또한 작은 도형이 합쳐져서 더 큰 도형을 만들 수 있고, 디자인은 좌우 대칭이 되기도 하고 비대칭이 되기도 함을 발견한다. 한 모양틀은 다양한 도형의 서로 다른 조합으로 채워지기도 하면서 유아는 친구와 다른 조합을 만들어내기위해 노력하는 가운데 수학적이고 창의적 사고를 하게 된다.

오조봇은 스마트 코딩로봇으로 선과 색을 인식하는 로봇이다. 검정, 빨강, 파랑, 초록의 펜으로 5mm정도의 선을 그어주면 오조봇이 각 펜의 색과 같은 빛을 내며 움직이게 된다. 유아들에게 간단히 오조봇을 소개하면 유아는 자유롭게 선을 그어 오조봇을 움직이기 시작한다. 유아들은 각기 다른 펜의 색이 무엇을 뜻하는지 길을 만들 때 어떻게 해야 오조봇이 잘 움직이는지 등 또래 간에 각자 만들어 간 다양한 길을 활용하여 특징을 비교하고 찾아낼 수 있으며 각자 만든 길을 이어 새로운 길을 만들기도 하고 이야기를 만들어 창의적으로 놀이를 확장해가기도 한다. 지구본을 보며 큰 대륙 안에 여러 나라가 연결되어 있음을 발견한 유아들에게 교사는 "오조봇이 우리가 만든 길을 따라 처음부터 끝까지 한 번에 여러나라를 여행 다닐 수 있는 방법은 없을지 궁금해"와 같은 개입으로 유아들은 자신이 발견한 점을 활용하여 새로운 것에 도전하고 다양한 아이디어를 만들어간다.

4) 일회성 놀이 및 틈새놀이

유아는 때로 즉흥적 흥미에 의한 짧은 놀이를 즐긴다. 일회성 놀이는 갑자기 생각난 아이디어로 유아 간에 흥미가 부합하여 놀이가 되는 경우로 나이가 어린 유아에게서 많이 나타난다. 틈새놀이는 간식시간이나 점심시간, 혹은 정리정돈 시간에 틈새를 이용한 놀이로 유아들이 놀이가 삶이라는 점을 보여주는 점이다.

선물 받은 장수풍뎅이를 관찰하며 장수풍뎅이에 대해 자세히 알아보기 위해 책도 찾아보던 중 한 유아가 하고 온 사과 머리가 장수풍뎅이의 뿔과 비슷하다며 한참을 웃고는 솔씨반 사과머리 뿔을 만들어 장수풍뎅이가 된 만 3세반 사람들

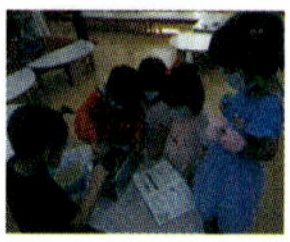

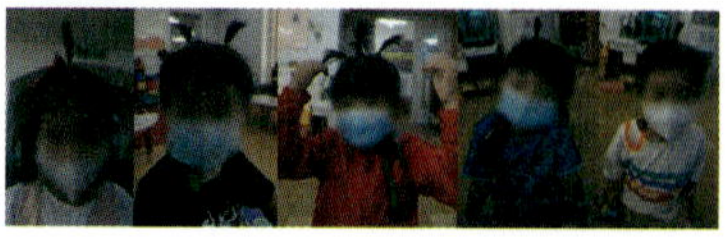

위 사진의 사례는 일회성 놀이를 보여준다. 장수풍뎅이를 기르고 있는 한 교실에서 하루는 한 유아가 사과머리를 하고 왔다. 책이나 인터넷에서 장수풍뎅이를 탐색하던 몇몇 유아가 갑자기 깔깔거리며 그 유아의 사과 머리가 장수풍뎅이 뿔을 닮았다고 하면서 한참을 웃다가 모두 사과머리를 하기를 원했고 뿔싸움놀이를 제안하며 즐기고 있다. 유아들에겐 자신들이 사과머리와 장수풍뎅이 뿔의 닮은 꼴을 발견한 사실이 매우 재미있었던 것이다. 이 재미를 놀이로 이어가는 유아들을 통해 그들이 놀이와 삶을 스스로 만들어가고 있음을 다시 한번 알 수 있다.

이러한 일회성의 놀이 외에도 유아들은 화장실에서 차례 기다리는 시간 혹은 간식이나 점심을 기다리는 시간에 틈새놀이를 즐긴다. 생활 속에서 생각해낸 경험을 바탕으로 한 간단한 퀴즈게임 혹은 말잇기 게임이나, 흉내내기 등 다양한 놀이를 즐기는 것을 볼 수 있다. 교사는 이러한 놀이에도 귀를 기울이며 그들의 삶을 엿볼 수 있다.

5) 만들어가는 교재교구와 공간구성

유아가 주도적으로 노는 교실에서는 자신들이 필요한 놀잇감을 직접 만든다. 또한 교사가 배치해놓은 흥미영역도 유아가 재배치하곤 한다.

가. 유아가 만들어가는 놀잇감

유아는 자신들의 놀이를 위해 직접 놀잇감을 만들곤 한다. 교실 안에는 다양한 교재교구가 있지만 유아가 주인의식을 가지고 오래 가지고 놀게 되는 것은 자신들이 원하는 흥미로운 놀이를 위해 직접 만든 놀잇감이다. 유아는 자신이 만들고 싶은 놀잇감을 위해 어떤 자료가 필요한지, 또 어떻게 만들어야 할지 아이디어를 내야하고 또 만드는 과정에서 문제에 부딪혀 지적 갈등을 겪으며 고심하기도 한다. 때로는 함께 노는 친구와 의견이 맞지 않아 유아 간에 갈등을 겪다가 서로 협력하여 더 좋은 놀잇감을 만들고는 함께 하는 의미를 발견하기도 한다. 이렇게 갈등을 극복하고 만든 놀잇감으로 유아는 놀이를 계속 이어가고 또 확장해가면서 애착을 갖고 오래 가지고 논다. 교사가 만든 교재교구나 기성 제품보다는 유아가 필요로 인해 고심 끝에 만든 교재교구에 주인의식을 갖기 때문이다. 이를 위해 교실에는 재활용품을 수집하여 유아가 놀잇감을 만들 자료를 준비해줄 수 있다. 유아는 매일 한 두가지씩 들고 오면서 이때부터 무엇을 만들 수 있는지 서로 아이디어를 내고 필요할 때 이 자료를 생각해내곤 한다. 물론 교실에 없는 경우는 교실 밖으로 찾아나가곤 한다. 다음 사진의 사례를 보자.

(곽향림, 2015에서 사진인용)

첫줄에 사진은 유아들이 교실 안에서 상자곽을 가지고 집을 만들고 싶은데 유치원 안에서는 구할 수가 없어 결국 마트로 가서 아주머니에게 열심히 설명을 하고(협상전략) 상자곽을 구해오는 장면이다. 그리고 함께 놀 유아들과 모여서 이 상자곽을 가지고 어떻게 집을 만들어 갈 것인지에 대해 서로 아이디어를 나누고 있다. 둘째 줄에는 판 게임 두 개와 규칙이 있다. 치타게임은 '시작'과 '끝' 대신 '가자'와 '이겼다'로 신선한 아이디어를 드러내고, 또 칸이 있어야 함을 알고 잔뜩 나누었다가 결국 불필요한 칸은 지우고 필요한 부분만 동그라미 친 유아들의 생각의 흐름을 보여주는 판게임이다. 그 옆에는 할머니 떡 가게 찾아가기로 떡 가게 놀이를 몇 주에 걸쳐 놀고 있는 한 유아가 자발적으로 그림을 그리고 규칙까지 만들어서 다른 친구와 놀았던 그룹게임이다. 그 다음 도르래와 벽돌블록으로 쌓은 우물사진은 초가집놀이를 하면서 우물에 두레박을 걸기 위한 도르래를 만들고 있는 과정을 보여준다. 도르래는 재활용품에서 낚싯줄 속대를 찾아와 만든 놀잇감이었다 유아들은 시행착오를 겪으면서 정말 고심 끝에 두레박 줄을 걸어 우물을 완성했다. 마지막 줄 처음에 세 사진은 가면 만들기에서 자기 얼굴 크기에 맞는 가면을 만들기 위해 고심하면서 종이에 얼굴을 대고 그렸지만 눈, 코, 잎 구멍을 위해 친구의 도움을 구하고 손가락으로 재가며 하라고 열심히 가르쳐주는 친구의 말대로 따라 하다가 자기 안경을 대고 하는 방법을 발견하는 유아의 모습이다. 그 옆에는 이집트 피라미드가 보인다. 피라미드 안에는 벽화가 있다는 사실을 책에서 알아낸 유아들은 열심히 그렸고 이 안을 얼마나 서로 들락날락했는지 누더기가 될 정도로 낡아버렸다. 결국 한꺼번에 많이 들어가지 않기, 그리고 너무 오래 있지 않기 등의 규칙을 만들어 붙인 모습이다. 그 옆 마지막 사진은 땅속 만늘기에 도전한 유아들이다. 처음에 너무 작게 만들다 유아들이 들어가서 나오지 않자 문제가 생기고 땅속을 더 크게 만들기로 한다. 이 과정에서 자꾸 무너지는 땅속을 튼튼하게 만들기 위한 노력을 기울여야 했고 또 들어가서 나오지 않는 또래 간에 문제로 갈등을 겪어야 했다.

이렇게 유아들은 놀잇감을 만들어가면서 지적, 사회도덕적 문제에 부딪치고 문제를 해결해가면서 원하는 놀이를 즐기는데 이것이 놀이를 몇 주씩 이어가게 하는 원천이다. 이에 반해 다음 사진은 교사가 만들어주는 놀잇감을 보여준다.

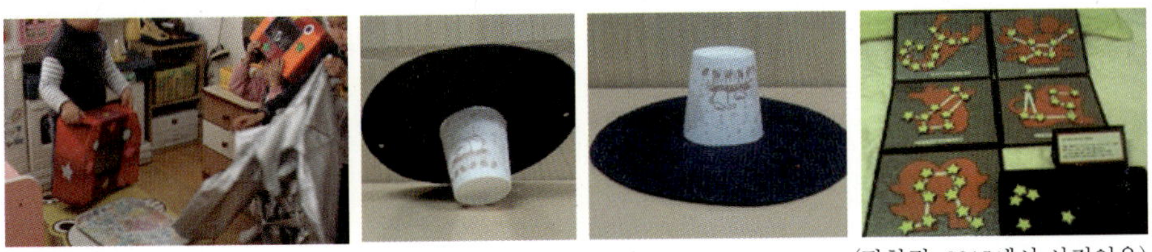

(곽향림, 2015에서 사진인용)

처음 사진은 우주인 놀이를 위해 교사가 기성제품의 우주복을 내어주고 머리에 쓸 수 있는 우주 모자를 만들어 준 것이다. 이런 교재교구에 유아는 반짝 흥미를 보이고 몇 번 가지고 놀지만 오래동안 놀게 하는 자료는 아니다. 그 옆에는 전통 갓이 보인다. 교사가 종이컵과 함께 검은 종이를 동그랗게 오려서 구멍을 파놓은 자료를 제공하고 유아는 끼우기만 하면 갓이 되는 놀잇감이다. 유아는 아무 갈등 없이 끼워서 꾸미고 끈을 달면 된다. '엄마 거' '아빠 거' 하면서 유아들은 몇 개씩 만들었지만 아이디어를 낼 필요도 없이 손으로만 하는 만들기 놀잇감이었다. 그 옆에는 교사가 별자리를 찍찍이로 이미 붙여놓고 유아들은 그 위에 별만 올려붙이면 되는 놀잇감이다. 교사가 만들어주는 이러한 교재교구는 유아가 주어진 방법대로 가지고 놀기만 하면 된다. 사실 논다고 할 수도 없고 이미 교사가 알려준 정답을 따라 하거나 외우게 하는 놀잇감이다. 교사는 놀잇감 제작을 위해 시간을 들이고 고생했지만 정작 유아는 도전해야 할 필요도 없고 아이디어를 내거나 문제해결을 위해 고심할 기회도 필요 없고, 그래서 별로 지적으로 도움이 안 되고 정서적으로 애착이 안 가는 놀잇감이 되고 만다.

나. 유아가 재구성해가는 교실공간

교실공간 배치는 흔히 교사에 의해 이루어진다. 그러나 공동체교실의 유아는 자신들의 필요와 흥미에 따라 공간을 재구성해간다. 교실공간은 흔히 흥미영역이라 불리우는 언어영역, 수조작영역, 과학영역, 미술영역, 음악영역, 쌓기영역, 역할놀이영역 등으로 교사가 구성하고 때에 따라 교사가 재구성하기도 한다. 다음 장의 사진에서 보는 교실은 유아들이 우리나라 전래동화를 모아 읽으면서 '동화나라'로 재구성한 공간을 보여준다.

(곽향림, 2015에서 사진인용)

교실의 흥미영역은 거의 사라지고 동화나라로 만들어놓은 교실이다. 이 교실의 유아들은 교사가 구성해놓은 흥미영역은 의미가 없었다. 그들이 원하는 진정한 흥미영역을 동화나라로 꾸며놓은 것이다. 교사와 유아가 동등한 관계에서 살아가는 교실에서 유아는 교사가 구성해놓은 교실을 치우고 자신들이 필요한 공간으로 재구성해갈 수 있었다.

다음 사진은 독일의 한 교실의 모습이다. 놀라웠던 것은 대부분의 유아들이 바닥에 앉아서 놀고 있었다는 사실이다. 교실은 다소 지저분해 보였지만 모두 자신들의 놀이에 몰입해서 열심히 놀고 있었다.

(곽향림, 2015에서 사진인용)

사실 우리 문화와 비교해보자면 우리가 바닥에 앉아 놀고 그들이 의자에 앉아 놀아야 하는 데 그 반대였다. 우리 교실은 바닥을 볼 수 없을 정도로 책걸상이 가득하고 유아들은 의자에 앉아 놀고 있는 것이 대부분이다. 이 교실은 바닥에 깔아 놓은 파란 비닐과 커다란 골판지가 우리 식의 미술영역이었다. 유아들은 바닥에 앉아 책을 읽고 바닥에 앉아 자유롭게 놀잇감을 가지고 놀았다. 바닥이 놀이영역이었다. 간식과 점심은 바로 옆 작은 교실 공간이 따로 마련되어 있었다. 일본에서도 독일처럼 바닥에 앉아서 놀고 있는 교실을 보았는데 식사를 할 때는 접어놓았던 테이블을 펴서 자리를 마련했다. 우리도 좁은 공간을 가능한 유아들이 주도적으로 또 자유롭게 사용할 수 있게 할 수 있는 한 방법이라는 생각이 든다. 교실은 유아가 기관에 와서 많은 시간 동안 그들의 삶을 살아가는 공간이다. 유아중심, 유아주도란 교실 공간구성의 측면에서도 재고가 필요하다. 즉 유아가 주체적으로 필요와 흥미에 따라 그들의 삶의 공간을 재구성할 수 있도록 해 줄 수 있어야 한다.

이뿐만 아니라 사진의 교실은 '너저분'해 보였지만 교사나 유아는 모두 놀이시간에 몰입해있었다. 놀이시간에는 지저분해지기 일쑤이다. 교사는 이 시간에 치우고 다니는 사람이 아니다. 유아와 함께 놀기도 하고 적절한 개입으로 유아를 지원하고 동시에 안전도 돌보아야 한다. 물론 놀이시간이 끝나면 정리정돈을 하면서 치울 수 있다. 중요한 것은 흥미영역이라는 고정관념 그리고 교사만이 배치할 수 있는 공간이라는 생각에서 벗어나고 놀이시간 동안 지저분해지는 교실을 인정하고 수용할 수 있어야 한다는 것이다. 이런 교실에서 유아는 창의성을 길러갈 수 있을 것이다. 이는 바로 교사가 공동체교실의 한 구성원으로 자신의 권위를 축소하고 유아와 동등한 관계에서 살아가고자 노력할 때 가능해지는 것이다.

흥미영역의 재개념화 및 활성화
• 흥미영역의 고정관념에서 탈피해서 통합적 운영 • 쌓기영역과 역할놀이영역의 확장 • 놀이시간 동안 지저분함 인정 • 바닥에서 노는 교실

6) 가르치는 순간과 배움의 순간(함께 가르치고 함께 배우기)

유아는 매체와의 상호작용을 통해 스스로 가르치고 배우는 순간을 맞기도 하지만 교사와 또래 간에 역동적 교류 속에서 자발적으로 가르치고 배우는 순간(Hyun, 2008)을 맞는다. 밤새 비가 온 다음 날 바깥놀이에서 유아들은 이끼를 발견하고 이끼에 대한 궁금증을 해결하는 과정에서 배움의 순간과 가르침의 순간을 맞이한다. 유아들은 '나무에 때가 껴서 우리가 벗겨주고 있다고 하면서 초록색으로 변한 나무가 곧 죽을 것 같다'고 계속 나무의 이끼를 벗겨냈다.

이끼에 대한 관심이 생긴 유아들은 교실로 돌아와 이끼에 대해 알아보기 시작했다. 책을 찾기도 했고 인터넷에서 탐색한 결과 유아들은 이끼가 동물의 먹이가 된다는 사실을 발견했다. 마침 교실 안에서 올챙이를 키우고 있었는데 이끼를 주니 정말 먹었고 유아들은 신기하고 놀라운 사실을 발견했던 것이다. 유아들은 옆 반 유아들에게 그리고 교사 방에 찾아다니며 이 사실을 아주 기쁘게 알리기 시작했다. 덕분에 교사들도 이 사실을 알게 되었다. 배움의 순간과 가르침의 순간을 함께 맞이한 것이다.

올챙이가 이끼를 먹는다는 사실을 알았다는 것이 중요한 것이 아니라 유아들이 배움의 기쁨을 느꼈다는 사실에 의미가 있다. 훨씬 뒤에 다른 상황에서 유아들은 그때의 기억을 떠올리며 "우리가 올챙이에게 이끼 주니까 먹었잖아요. 지금도 우리가 배우는 거예요. 그때처럼 지금도 배우는 거예요"라고 말했다. 이렇게 유아는 스스로 가르침과 배움의 순간을 만들어감으로써 교사도 함께 배워가게 만든다.

또 다른 상황에서 가르침과 배움의 순간을 생각해보자. 사실 이 이야기는 이전 강연에서도 여러 번 소개한 적이 있지만 가르침과 배움의 순간에 대해 설명하기 좋은 자료라 여기서 다시 한번 언급하고자 한다. 사방치기(곽향림, 2015)는 누구나 알고 있는 그룹게임이고 많은 교실의 유아가 놀기 좋아하는 자료이다. 그런데 이 놀이도 어디서 하는가에 따라 놀이상황이 달라진다. 이 사진에서 보듯 삼면이 막혀 있는 상황이다. 유아들은 놀이자가 맨 뒤에서 홱 돌아나올 때 뒷꿈치로 금을 밟았는지 밟지 않았는지 정확히 보기가 어렵다. 이때 정직하게 얘기하는 유아도 있지만 밟고도 순간적으로 앞으로 나오면서 정확히 알 수 없게 되는 경우도 생긴다. 이때 시시비비를 가리는 유아 간 갈등이 발생하곤 한다.

(곽향림, 2015에서 사진인용)

한 유아가 바로 이런 상황에서 다른 유아의 지적을 받고 화를 냈다. 이 순간 지켜보던 저자는 가르침의 필요를 느꼈지만 가능한 동등한 또래의 입장에 있고 싶었다. 그래서 놀이의 맥락을 끊지 않으며 "자기가 정확히 보고 정직하게 하는 게 중요해."라고 혼잣말처럼 얘기했다. 만 5세 유아들은 여전히 자신들의 놀이상황에 몰입해 있어서 내 얘기를 듣고 있는지 궁금했다. 한 참 후에 한 유아가 다른 유아에게 똑같은 지적을 받자 화를 냈던 유아가 "금을 밟았는지 밟지 않았는지 다른 사람이 말해주지 말고 자기가 정확하게 보기로 해."라고 했다. 저자의 얘기를 듣고 있었던 것이다. 그리고 다른 유아들을 가르치고 있었던 것이다. 저자가 가르쳐주려고 굳이 설명을 하지 않아도 유아는 배우고 있었던 것이고 또한 가르침에 동참하고 있었던 것이다.

유아는 지적능력이나 성향이 모두 다르다. 어떤 유아는 혼자 두어도 놀이도 잘 찾고 또 놀이 속에서 만난 과제도 금세 해결해 가곤 한다. 물론 어떤 측면에 더 능력을 발휘하는가에 따라 다르기도 하지만 어떤 유아는 무엇을 해야 할지 선택에도 어려움을 갖고 놀이 속에서 과제를 만났을 때 도전하기보다는 포기해버리기도 한다. 이때 교사의 적절한 개입은 유아가 문제해결에 도전하는 아이디어를 생성하게 하도록 지원하는 순간을 만들어 준다. 교사는 이를 위해 유아의 놀이를 관찰하고 유아가 무슨 생각을 하고 있으며 무엇을 지원해줘야 하는지 지속적으로 반성적 평가를 해야 한다.

7) 순환적인 실행-평가-계획해가기

교사는 유아의 자발적 놀이를 시작으로 일어난 일련의 놀이 활동을 통해 무엇을 지원해 줄 수 있는지, 유아들이 무슨 생각을 하는지, 등 반성적 성찰을 통해 계획한다. 하지만 실행에서 유아에 의해 거부당할 수 있고, 변형되어가며 재계획을 해야 하기도 한다. 그런데 교사와 유아가 상호관섬에 의해 만들어가는 교육과정 안에서는 교사뿐만 아니라 유아도 실행-평가-계획을 한다. 유아는 주제중심의 놀이에서 다른 반을 초대하여 공연이나 전시회를 개최하면서 실행-평가-계획의 과정을 통해 좀 더 좋은 공연이나 전시회를 하게 되는 경험을 한다.

8) 하루 일과 속의 놀이와 삶

유아의 놀이는 하루 일과 속에서 주로 자유놀이나 바깥놀이시간에 일어나지만 앞서 언급한 대로 하루 일과의 전이시간 등을 이용한 틈새놀이로 일어나기도 한다. 즉 놀이가 그들의 삶인 것이다.

이러한 놀이는 모임시간에 토의나 토론으로 연계되어 놀이과정에서 일어난 문제를 해결해가기도 하고 또 놀이과정에서 발견한 사실을 친구들에게 알리기 위해 발표하는 시간으로 이어지기도 한다. 예를 들어 경사로놀이에서 문제에 부딪치거나 성공한 유아는 이야기 나누기 시간에 자신의 문제는 무엇인지 혹은 성공한 것은 무엇인지 다른 유아들과 공유할 수 있다. 그래서 이 시간을 통해 개별유아 혹은 소집단 유아의 관심이 전체유아의 공동관심사로 발전해가기도 한다. 즉, 다른 유아의 놀이흥미에 귀 기울이며 자신의 흥미로 만드는 기회를 갖는 것이다. 이는 놀이중심교육에서 놀이를 공유하고 확장하면서 지속적인 놀이로 이어가도록 하는 원천이 된다. 때로는 등원시간부터 친구들과 이미 결정한 관심과 흥미가 놀이로 이어지기도 한다.

물론 하루 일과가 모두 놀이로 연계되어야 하는 것은 아니다. 자칫 놀이를 하루 일과 안에서 연계하려는 생각이 이전 생활주제운영에서 모든 놀이 혹은 모든 일과로 주제를 연계하려는 지나침으로 흐를 수 있음을 유념해야 한다. 유아의 삶이 놀이로만 이루어지는 것은 아니기 때문이다. 앞서 살펴보았듯이 하루 일과는 등원, 간식 및 점심, 정리정돈, 화장실 가기, 낮잠, 귀가 등의 삶 속의 문제를 해결해야 하는 필요에 의해 진행되기도 한다. 이런 시간은 그저 일상적으로 일어나는 데 그치는 시간이 아니다. 개정누리과정에서 놀이가 강조되지만, 놀이만이 아니라 교실의 하루 일과 속에서 일어나는 모든 삶에서 유아는 의미를 찾을 수 있어야 한다. 그래서 교사는 유아가 공동체 교실 안에서 교사와 그리고 또래 간에 삶의 의미를 만들고 즐길 수 있어야 한다. 다음 사진은 하루 일과 안에서 놀이와 삶을 즐기는 유아들의 모습을 잘 보여준다.

(곽향림, 2015에서 사진인용)

첫 줄의 첫 사진은 등원 시간에 교사가 유아들을 반갑게 맞이해주는 모습이다. 유아들은 기쁜 마음으로 혹은 속상한 마음으로 들어서면서 교사에게 자기 기분을 인정받고 싶어 하고 교사는 이런 마음에 공감해 준다. 아침부터 이미 오늘 친구들과 놀기 위한 주제를 들고 와 빨리 놀고 싶어 하는 유아도 있다. 이 순간부터 교사는 유아가 하루 일과 안에서 놀이와 삶의 의미를 만들어가도록 지원해주는 중요한 사람이 된다.

그다음 두 사진은 구성주의교육의 개발자인 DeVries박사가 원장으로 있던 Northern Iowa 대학 부설유치원으로 요리영역이 마련되어 있어서 아침식사를 못한 유아들은 직접 요리해서 먹도록 하면서 유아의 삶을 지원해주고 있다. 한 유아가 요리표대로 팬케이크를 만들 재료를 섞는 과정에 옆에 서 있던 두 친구가 "너 그렇게 하면 맛없는 팬케이크 돼. 숟가락으로 밀가루 풀 때 정확하게 막대기로 깎아내려야 해"하면서 친구가 맛없는 것을 먹게 될까 걱정해주고 있다. 유아는 친구의 조언을 받아들여 맛있는 팬케이크를 만들어 먹는다. 나무 틀에 끼운 팬은 요리하는 유아가 뜨거운 팬에 데지 않으면서 주도적으로 만들어 먹도록 하려는 배려이다.

다음 줄의 처음 두 사진에서는 바깥에서 마음껏 놀고 난 후 들어와서 가진 모임시간에 힘들어하는 유아들을 감지한 교사가 좀 쉬자고 제안하자 유아들은 매우 좋아하며 휴식을 취하고 있다. 세 번째 사진은 자유놀이 시간에 몇몇 유아들이 각자 만든 옷을 걸치고 동극을 시작하자 곧 동화책을 든 나레이터가 나타나고 한두 명씩 유아들이 모여 관람을 하면서 놀이와 삶을 주도적으로 만들어가고 있는 유아의 모습을 보여준다. 이 유아들은 동극은 모임시간에 한다는 교사의 고정관념을 깨뜨리게 해주고 있다.

세 번째 줄에 처음 사진은 블록으로 방을 꾸며놓고 네 명이 누워서 깔깔 웃으며 공유경험 즐기고 있는 모습이다. 이런 경험을 통해 유아들은 친밀감과 애착을 형성하며 공동유대감을 쌓아가게 된다. 그다음 두 사진은 또래 간 갈등을 보여준다. 교사는 교실에서 갈등이 일어났을 때 문제를 명확하게 해주지만 때로는 유아들끼리 갈등을 해결하는 능력이 있음을 믿고 그들끼리 문제를 해결하는 기회를 주기도 한다.

네 번째 줄에는 교실의 힘든 유아가 교사의 지원으로 자존감을 새롭게 세우며 또래들과 새로운 삶을 살아가는 모습이다. 힘든 유아는 교실에서 따돌림당하면서 스스로 자신을 위험에 빠뜨리곤 한다. 하루는 유아들이 발현적으로 아이스크림의 종류와 맛에 대해 끼리끼리 얘기하더니 먹고 싶어 했다. 그러자 힘든 유아가 종이접기로 아이스크림 콘을 만들고 위에 아이스크림을 오려서 붙였고 다른 유아들은 이를 부러워했다. 교사는 이 기회를 놓치지 않고 힘든 유아가 다른 유아들에게 아이스크림 만들기를 가르쳐주도록 제안했다. 유아들은 활발하게 서로 배웠고 힘든 아이는 열심히 가르쳐주었다. 유아들은 이제 힘든 유아의 새로운 점을 발견하고 "배울 점이 있네, 괜찮은 아이네" 라는 생각을 하게 되었고 따돌림당하던 유아는 긍정적 자아개념을 형성해가는 시간을 갖게 된 것이다. 그 옆 두 사진은 정리정돈 시간에 치우기 문제로 고심하는 유아들의 모습이다. 정리정돈 시간에 잘 치우고 있는 유아도 있지만 놀고 있는 유아도 있는데 잘 치우는 유아들은 속상함을 표현했다. 세 번째 사진은 '왜 우리만 치워야 하는가' 항의하고 토론하는 상황이다. 이런 시간에 유아들은 공평성에 대해 생각하는 기회를 갖는다.

마지막 줄 첫 사진은 바깥놀이에서 자연스럽게 어우러진 혼합연령 간에 모래구덩이에 호수만들기를 하면서 형제의 우애를 경험하고 또 함께 가르치고 배우는 일이 일어나고 있다. 모래구덩이에 물을 퍼 나르다 고이지 않고 없어지자 동생들에게 도움을 청하고 동생들은 형이 지금 만들려는 호수가 어떻게 되어가고 있는지, 무슨 일이 일어나고 있는지, 또 형은 어떻게 대처하고 있는지에 관심을 갖고 형의 요청에 응하고 있다. 교사가 가르쳐주지 않아도 형에게서 배워가고 있는 것이다. 가운데 사진은 화창한 날 점심에 바깥에서 소풍 온 것처럼 식사하고 싶다는 유아들의 요구에 따라 돗자리를 깔고 점심을 즐기고 있는 모습이다. 마지막 사진은 낮잠자는 시간에 깨어나기 힘들어하는 유아들이 자발적으로 일어나도록 친구들이 트라이앵글을 쳐주는 모습이다. 때로는 교사가 먼저 일어난 유아들과 "동동동대문 동대문을 열어라~"와 같은 그룹게임을 함께 하면서 여전히 자고 있는 유아들이 "나도 하고싶어" 하면서 짜증내지 않고 일어나도록 배려하고 있다.

이렇게 구성주의교사는 유아의 놀이와 삶을 지원하면서 하루 일과를 의미있게 보내도록 이런 저런 점에서 세심히 신경을 기울인다. 이 사진들에서 보는 유아들의 삶은 '드러나지 않는 교육과정'으로 공동체교실의 사회도덕적 분위기를 느끼게 해주는 부분이다.

구성주의관점에서의 누리과정 이해와 실천:

교사와 유아가 함께 만들어 가는 교육

2부

구성주의 교실의 하루 일과:

하루 일과 속에서의 다양한 놀이 및 활동

Ⅳ 하루 일과 속에서의 다양한 놀이 및 활동

1. 만 3세 솔잎반의 소개

1) 솔잎반 구성원과 체재

만 3세 솔잎반은 17명(남7, 여10)의 유아와 8년 차 교사(남) 1명으로 구성되어 있다. 만 3세 솔잎반은 유치원의 방침대로 담임을 맡은 교사와 유아가 반 구성원 그대로 3년을 함께 하는 3년 연임제로 운영된다. 만 3세 반은 솔잎반과 솔씨반 두 반이 있으나 하루 일과는 각반 유아의 흥미에 따라 자율적으로 운영된다. 하루 일과는 9시 등원으로 시작하여 2시 귀가로 마무리하는데 맞벌이부부 자녀인 유아는 방과후 과정반으로 이동한다.

담임교사는 구성주의 공동체교실 안에서 유아가 주도적으로 놀이와 삶을 즐기도록 반성적 평가를 통해 매일의 일과를 진행하고 있다. 교사는 전날 유아들의 놀이를 평가한 내용을 바탕으로 하루 일과를 계획하고 이 계획은 놀이 안에서 유아들의 흥미와 관심에 따라 변경되어 진행된다. 유아는 자신의 흥미에 따라 놀이를 주도하고 교사는 유아들의 놀이를 따라가며 다양한 가능성과 방향성을 가지고 교사 및 다른 유아와 활발한 상호작용이 일어나도록 지원한다.

2) 솔잎반의 놀이

솔잎반 유아는 매체중심놀이와 주제중심놀이를 함께 즐긴다. 교실에는 다양한 놀잇감이 마련되어있는데 최근에는 PVC몰드와 자동차, 구슬 등을 이용한 경사로 놀이를 하면서 실험을 즐기고 있다. 다양한 폐품을 이용한 만들기도 많이 일어나는데 이는 주로 극놀이를 즐기면서 놀이 속 소품과 배경 등을 만들어 놀이에 활용하기 위해 일어난다. 공간적으로는 교실에서 바로 실외로 이어져 실내놀이가 바깥놀이로 연장되기도 한다. 이는 실내에서 이루어진 동화만들기가 바로 이어진 바깥놀이에서 즉석으로 동극화 된 사례이야기로 만날 수 있을 것이다.

바깥놀이의 장난감인 자전거는 만 3세들에게 인기가 많은데 이 솔잎반에서 자전거 타기로 인해 일어난 문제해결을 위해 일어난 자전거 주차장 만들기는 매체중심놀이가 주제중심놀이로 이어지는 예를 보여준다. 이는 바깥놀이에서 상호교류가 활발히 일어나는 다른 반으로도 연결되어 각자 관심을 가지고 진행하는 놀이에 영향을 미치면서 서로의 놀이를 변형시키고 재미있는 생각들이 더해져 놀이를 너욱 풍부하게 하고 있나. 나이가 너 많은 유아는 솔잎반 유아들이 미처 생각하지 못했던 아이디어를 제공하면서 솔잎반 유아의 놀이를 발전적으로 변형시켜가기도 한다. 재미있는 점은 솔잎반 유아가 만 4세가 된 어느 날 이 경험을 떠올리며 자전거 주차장 만들기 놀이를 다시 시작했다는 것이다. 이는 3년 연임제 반이기에 더욱 가능했다.

솔잎반은 그동안 여러 번 백설공주 이야기를 읽어보며 놀이해왔다. 놀이의 과정에서 각자 하고 싶은 역할을 두루두루 여러 번 해보았고, 놀이하며 이야기의 줄거리와 대화, 배경, 소품 등에 매우 익숙해져 있었다. 교사는 동화의 마지막 이후에 무슨 일이 있었을 것 같은지에 대해 질문해 보았다. 백설공주와 왕자의 결혼으로 끝나는 마지막 이야기에 이 소식을 마녀가 듣게 된다면 어떨 것인지, 백설공주와 왕자는 행복하게 잘 살았을 것인지 등에 관한 이야기였다. 교사의 질문에 유아들의 다양한 생각이 더해졌는데 이야기 나누기 시간뿐만 아니라 간식을 먹거나 자유놀이 시간 백설공주 놀이를 하면서도 백설공주의 뒷이야기에 대해 생각하고 이야기하는 유아들을 발견할 수 있었다. 교사의 첫 질문은 "백설공주와 왕자가 결혼했다는 소식을 마녀가 듣는다면 기분이 어떨까?"였다. 그 질문에 대한 자기 생각과 느낌을 이야기하며, 다시 질문이 꼬리에 꼬리를 물고, 솔잎반 유아들의 생각과 느낌 그리고 상상력의 이야기들도 점점 모이게 되었다. 새로운 이야기가 생겨나면서, 줄거리에 뼈와 살도 붙어갔다. 그렇게 솔잎반 유아들이 다음 사례의 하루 일과를 시작했다.

2. 만 3세 솔잎반의 하루 일과 사례

1) 등원 및 인사 ~09:00

인사 나누기, 가방 정리와 외투 걸기

등원하는 유아들과 아침 인사를 나누었다. 인사를 마친 유아들은 자신의 옷걸이에 외투를 걸고, 가방을 사물함에 스스로 정리하고 교사는 이를 도왔다.

가정에서 가져온 책과 장난감을 공유하고, 재활용품을 분류하여 정리하기

유아들은 등원하며 가정에서 가져온 책과 장난감 그리고 재활용품을 서로 소개했다. 학기 초 가정에서 가져오는 물건들로 인해 갈등 상황이 생길 수 있을 것이라고 고민했던 것과 달리 가정에서 가져온 놀잇감 혹은 책과 재활용품을 함께 나누고 놀이하는 방법들을 생각해 내고는 함께 가지고 놀았다.

집에서 가지고 온 책을 함께 보는 모습

가지고 온 재활용품을 함께 분류하는 모습

등원 후 교사와 함께 친구를 기다리며

차량이 코스별로 들어오기 때문에 먼저 온 유아들의 놀이가 먼저 시작되었다. 그리고 곧 만나게 될 친구들과 어떤 놀이를 하면 좋을지 생각하며 선물을 만들어 사물함에 넣어놓거나 어제 했던 놀이를 이어서 했다.

2) 자유놀이 09:00~10:10

경사로 놀이

먼저 등원한 유아들은 자유롭게 놀이를 시작했다. 이들 중에서는 경사로 놀이에 푹 빠진 유아들이 있다. 미니 자동차를 이용하여 자동차 길을 만들어 놀이하던 유아들이 한 방향이 아닌 꺾어지거나 여러 가지 방향으로 가는 길을 만들어 놀이하고 싶은 모습을 발견한 교사는 며칠 전 미니 자동차와 함께 구슬을 제공해 주었다. 이후 유아들은 일직선이 아닌 각이 진 길이나 여러 방향으로 가는 길을 만들어 가고 있는데, 오늘은 한 유아가 아침에 집에서 가져온 소방차의 사다리와 몰딩을 이어 길을 만들었다. 교사는 상호작용하며 다양한 길을 만들어 갈 수 있도록 도왔다.

집에서 가지고 온 소방차를 이용해서 경사로 구슬길을 구성하는 모습

구슬의 진행 방향을 막고, 다른 방향으로 보내기 위해서 블록으로 막은 모습

교사: 여기 구슬이 쭉 나가버렸어. / 유아: 맞아.

교사: 구슬이 어디로 갔으면 좋겠어? / 유아: 여기 옆으로 / 유아: 그러면 막아야 해.

교사: 어디를 막으면 내려오던 구슬이 옆으로 갈 수 있을까?

유아들은 구슬의 방향을 바꾸었고, 구슬이 튀어 나가지 않게 하려고 방향이 바뀌는 곳에 블록을 놓아 유아들이 생각한 방향으로 구슬이 움직이도록 길을 만들어갔다.

구슬이 가는 길을 자유롭게 꺾으면서 놀이하는 모습

경사로 놀이에서 유아는 자발적으로 개인 내 갈등 상황을 만들어내곤 하는데, 놀이하는 과정에서 몰딩의 높이가 낮지 않아 구슬이 몰딩의 턱에 부딪히며 튕겨 떨어지는 일이 있었다. 교사는 "어떻게 하면 구슬이 떨어지지 않게 할 수 있을까?"라고 질문하였고, 그동안 지속해서 경사로 놀이를 즐겼던 시온이가 지난번 미니 자동차 길을 만들었던 경험을 생각하며 몰딩 아래에 도미노 블록을 받쳐 구슬이 굴러가다 몰딩의 턱에 부딪히지 않도록 수정했다.

빗면을 이용한 경사로 놀이는 그동안 지속되어 온 놀이로 여러 가지 시행착오를 거쳐 유아들이 생각한 것을 바로 적용하며 그에 관한 결과를 바로 확인할 수 있는 좋은 매체이다. 자동차를 좋아하는 유아들로부터 시작되었지만 놀이가 지속되며 관심이 없던 유아들도 관심을 가지며 놀이에 참여했다.

재활용품을 이용한 만들기

등원하면서 가져온 재활용품을 통에 분류하며 정리를 마친 유아들은 재활용품을 이용해 만들기를 시작했다. 재활용품의 모양이나 재질 등을 보고 만들기를 하는 유아들도 있지만, 놀이에 필요한 놀잇감을 만들기 위해 재활용품을 활용하는 유아도 있었다. 그리고 어제 솔잎반 사람들과 함께 만든 이야기인 '백설공주 두 번째 이야기'의 줄거리를 생각하며 극놀이에 필요한 소품을 만들기도 했다.

사냥꾼 총을 만들던 유아들은 총을 맞으면
아프니까 총알이 아닌 밧줄이 나오는 총으로 변경

총을 만들면서 맘에 드는 재활용품을 찾지 못해
형님반에서 재활용품을 빌려와 만들기를 이어감

공주 놀이

쌓기 영역 한쪽에서는 자신들만의 성을 구성하고, 성안에서 공주 놀이를 했다. 백설공주가 되기도 하고, 다른 공주가 되기도 하면서 놀았다.

3) 정리시간 10:10~10:20

사용한 것을 정리하는 시간이 되었다. 열심히 정리하는 유아들에게 "잘했어!"와 같이 어른의 시선에서 보이는 칭찬이 아닌 "○○가 정리해줘서 교실이 깨끗해졌네. 조금 있다가 우리가 깨끗한 곳에서 간식 먹을 수 있겠다."와 같이 유아의 행동을 구체적으로 이야기해 주었다. 또한 유아들의 관심인 백설공주 두 번째 이야기에 나오는 힘이 강한 사냥꾼의 도움이 필요하다고 이야기하며 유아의 참여를 기다렸다. 유아들은 힘이 강한 사냥꾼이 자신이라고 이야기하며 정리가 필요한 곳에 나타나 정리하며 마치 놀이처럼 즐겁게 참여했다.

4) 이야기 나누기 10:20~10:30

솔잎반 사람들이 만든 백설공주 두 번째 이야기 공유하기

전날, 솔잎반 사람들과 만들었던 백설공주 두 번째 이야기를 교사가 한글 문서로 정리하여 가져왔다. 솔잎반 사람들에게 어제 우리가 이야기 나누었던 것을 컴퓨터로 정리해서 가져왔다는 것에 대해 이야기해 주고 읽어보는 시간을 가졌다. 유아들은 이야기를 들으면서 어제 만들었던 이야기에 대해 말하기도 하고, 미리 줄거리를 말하는 모습도 볼 수 있었다.

교사: 솔잎반 사람들이 어제 만든 이야기를 선생님이 컴퓨터로 정리해서 뽑아 왔어.

유아: 우아. / 유아: 진짜 책 같아.

교사: 진짜 책 같아? 한 번 읽어줄게. 솔잎반 사람들이 잘 들어보고 혹시 고치고 싶은 부분이 있거나, 조금 더 이야기를 넣고 싶으면 이야기해 줄 수 있어?

유아: 네! / 유아: 나는 어서 몰라.

교사: 어제 오지 않아서 잘 모르는 친구들도 있는 것 같아. 같이 보면서 이야기 나눌까?

유아: 그런데 그림이 없어.

교사: 유치원에 있는 다른 책들은 그림도 있고, 글씨도 있는데 지금 우리가 만든 백설공주 두 번째 이야기에는 글씨만 있네?

유아: 그러면 우리가 그림도 그려줘요! / 유아: 좋아.

유아: 사람도 그리고, 백설공주도 그리자.

교사: 그림도 그려서 진짜 동화책, 그림책처럼 만들어 보고 싶은 거야? / 유아: 네.

교사: 그래 그림도 그려보면 좋을 것 같아. 함께 읽어보자.

다시 한번 유아들과 만든 백설공주 두 번째 이야기를 읽어보았다.

5) 간식시간 10:30~10:50

손 씻기는 코로나19와 함께 더욱 중요한 시간이 되었다. 여러 사람이 한꺼번에 손을 씻으러 갈 때 기다리는 시간이 길어지기 때문에 간단한 손 유희나 퀴즈 혹은 동화를 읽으면서 두 명씩 손을 씻으러 갈 수 있도록 도왔다. 손을 씻은 유아들은 간식을 먹기 위해 자리에 앉았다. 자리가 따로 정해져 있지 않기 때문에 좋아하는 친구와 함께 앉기 위해 친구가 손을 다 씻고 올 때까지 기다리기도 하고 옆자리에 다른 사람이 앉을까 걱정이 되어 간식을 먹지 못하기도 했다. 간식과 점심시간은 건강한 몸을 위한 시간이며 바르게 앉아 음식을 먹는 연습을 하는 시간이기도 하며, 친목을 다지는 시간이기도 했다. 또한 다음에 무엇을 하면서 놀이할지에 대한 각자의 계획을 자유로이 나누는 시간이 되기도 하는데, 유아들은 바깥놀이터에서 우리가 만들었던 백설공주 두 번째 이야기 놀이를 하자고 이야기하며 모래 놀이터의 미끄럼틀이 마치 성 같으니 그곳을 성으로 하자는 등의 이야기를 나누며 자연스럽게 놀이에 대해 계획했다.

또 간식을 먼저 먹은 유아들은 책을 보거나 교실의 달팽이들을 돌보는데, 간식으로 나온 달걀의 껍질을 벗겨 절구에 넣고 빻은 달걀껍데기를 먹이로 주었다.

6) 바깥놀이 및 정리시간 10:50~11:50

바깥놀이터에서 자유롭게 하고 싶은 놀이를 하면서 바깥놀이를 즐겼다. 그네를 타거나 미끄럼틀을 타기도 하고, 자전거 길에서 자전거를 타기도 하고 모래 놀이터에서는 우리가 만든 백설공주 두 번째 이야기 동극 놀이, 잔디밭에서 얼음 땡 놀이 등이 진행되었다.

바깥놀이터에서 하는 '백설공주 두 번째 이야기' 동극 놀이

많은 유아가 간식시간에 이야기했던 장소인 모래 영역에서 '백설공주 두 번째 이야기' 동극 놀이를 함께 하기 위해서 모였다. 교사는 유아들이 제안한 것처럼 바깥놀이터에서 백설공주 두 번째 이야기 동극 놀이를 하기 위해 이야기를 적어 놓은 인쇄물을 가지고 나와 내용을 읽어주었고 유아들은 즉석에서 역할을 정하고, 공간도 정했다. 유아들은 하고 싶은 역할을 선택하고, 교사는 아무도 선택하지 않은 왕비를 했다. 유아들의 놀이는 한 번으로 그치지 않고 역할을 바꾸어 여러 번 진행되었다.

왕자가 없어진 것을 알게 된 백설공주와 사냥꾼과 난쟁이가 왕자를 찾고 있는 장면

왕자가 새 왕비의 성에 있는 감옥에 갇혀 있는 것을 보고, 조심조심 감옥으로 가고 있는 장면

새 왕비에게 자장가를 불러줘서 새 왕비를 재우고, 사냥꾼은 병사를 묶고, 난쟁이들은 감옥을 부수는 장면

바깥놀이터에서의 동극 놀이는 그동안 해보지 않았기 때문에 교사도 어떤 시간이 될지 기대가 되었다. 조금 혼잡스럽기도 했지만 바깥놀이터에서의 동극 놀이는 교실에서의 동극 놀이와는 다른 새로움을 안겨주며 동극 놀이를 즐겼다.

잔디밭에서 얼음 땡 하기

1학기와는 달리 규칙이 있는 놀이를 즐기는 유아들은 바깥놀이에서 만난 만 4세 형님들과 자연스럽게 놀이하며 규칙을 잘 모르거나 지키지 않았을 때 형님들의 도움을 받아 놀이를 했다. 처음에는 규칙을 잘 알지 못해 어려워하는 몇몇 유아들이 있었으나 금방 놀이를 즐기게 되었다. 교사도 놀이에 참여하며 술래가 되기도 하고 도망 다니기도 하며 함께 놀이를 즐겼다.

7) 이야기 나누기 11:50~12:00

바깥놀이를 다녀온 뒤에 점심 먹기 전 이야기 나누는 시간을 가졌다. 유아들에게 읽어줬던 백설공주 두 번째 이야기를 다시 들려주면서 바꾸고 싶거나 더 넣고 싶은 내용이 있는지 이야기 나누었다.

이야기를 수정해 가는 장면

유아들은 내용을 천천히 듣고, 바꾸고 싶은 부분이나 잘못됐다고 생각하는 부분을 이야기했고, 교사는 그 자리에서 수정했다. 유아들은 제목도 바꾸고 싶어 했다. 유아에게 오늘 이야기 나누며 바뀐 내용을 수정하여 내일 다시 소개해 주기로 한 뒤, 점심을 먹기 위해 손을 씻으러 갔다.

유아들이 만든 백설공주 두 번째 이야기

백설공주와 왕자는 결혼하고 행복하게 살았어요.
이 소식을 들은 새 왕비는 무척 화가 났어요. 그래서 백설공주와 왕자가 사는 성이 어디 있는지 거울에게 물어봤어요.
"거울아, 거울아, 백설공주와 왕자가 어디 살고 있니?"
"백설공주와 왕자는 저기 멀리 무지개 성에 살고 있습니다"
백설공주와 왕자가 무지개 성에 살고 있다는 것을 알게 된 나쁜 왕비는 무지개 성으로 갔어요. 그리고 왕자가 먹는 커피에 잠이 드는 약을 타서 왕자에게 줬어요.
"왕자님, 이 커피 한 번 먹어보세요"
"아, 고맙습니다. 꿀꺽. 아, 왜 이렇게 졸리지?"잠이 드는 커피를 마신 왕자는 잠이 들었어요.
"왕자가 쓰러졌다. 왕자를 데리고 성으로 가자, 병사야!" / "네! 왕비님!"
왕비는 잠이 들어서 쓰러진 왕자를 데리고 왕비가 사는 성으로 돌아왔어요. 그리고 왕자를 감옥에 가두었어요. 깨어난 왕자는 깜짝 놀랐어요.
"어! 여기가 어디지? 무서워!"

왕자가 없어진 것을 모르고 있었던 백설공주와 난쟁이들과 사냥꾼은 왕자를 찾기 시작했어요.
"왕자님이 없어졌어!" / "왕자님!" / "왕자님!" / "왕자님이 어디 갔지?"
그때, 난쟁이가 이야기했어요.
"혹시 새 왕비가 왕자님을 몰래 데려간 거 아니야?"
난쟁이와 사냥꾼은 멀리 볼 수 있는 안경과 망원경을 이용해서 새 왕비가 살고 있는 성을 봤어요.
"왕자님이 저기 있다!" / "찾았다!" / "왕자님이 감옥에 갇혀 있어!"
왕자님을 발견한 백설공주와 난쟁이와 사냥꾼은 왕자님을 구하러 새 왕비가 살고 있는 성으로 갔어요. 성에 가까워지자 조심조심 감옥이 있는 곳으로 갔어요. 감옥이 있는 곳에 가자 왕비가 있었어요.
"잘자라, 우리 왕비! 잘자라 우리 왕비" / "아, 왜 이렇게 졸리지?"
백설공주의 자장가를 듣고 왕비는 잠이 들었어요. 힘이 강한 사냥꾼이 왕비를 침대가 있는 곳으로 옮겼어요.

8) 점심시간 12:00~13:00

손을 깨끗이 씻고 점심을 먹을 수 있도록 도왔다. 준비된 식판에 담긴 밥과 반찬을 먹지만 더 먹고 싶을 때는 더 가져가 먹고 있다. 최근 형님반에서부터 시작된 환경보호에 대한 홍보와 나눔마켓을 통해 환경보호에 관심을 가진 솔잎반은 더러워지는 지구에 대해 생각하고 음식을 남기지 않고 먹기 위해 노력하고 있다. 교사의 칭찬이 원동력이 되기도 하여 "선생님! 나 봐봐요, 김치도 잘 먹어요!"라고 이야기하며 남기지 않고 먹으려고 노력하기도 했다. 하지만 먹어보지 못한 생소한 음식 혹은 채소들을 먹기 힘들어하기도 하는데, 그럴 때는 억지로 먹도록 하기보다 정말 조금씩 떼어 맛을 느껴보도록 돕고 노력해 보자고 격려해 주고 있다. 밥을 다 먹은 유아들은 자신이 사용한 식기를 정리했다.

9) 자유놀이 및 정리시간 13:00~13:50

점심 식사 후, 양치를 마친 유아들 먼저 자유놀이가 시작되었다. 자유롭게 놀이를 시작하는 유아들은 쌓기 영역에서 여러 블록으로 다양한 공간들을 만들어 놀이하기도 하고 최근 재미를 느낀 할리갈리, 도블, 젠가와 같은 그룹 게임을 즐기기도 했다. 또 몇몇은 재활용품을 이용해 백설공주 놀이에 필요한 소품을 만들었다.

신나게 놀이하다 보니 정리 시간이 얼마 남지 않는 상황에서 소품 만들기를 하던 유아들은 교실에서도 백설공주 두 번째 이야기 동극 놀이를 하자고 제안했다. 귀가 시간까지 얼마 남지 않았음을 유아들에게 전하고 내일 해도 괜찮을지를 묻자 유아 대부분이 오늘 꼭 놀이하고 싶다고 이야기했다. 귀가 시간이 곧 다가와 잠깐 고민을 한 교사는 지금 성이나 감옥 같은 것을 만들어서 놀이하기에는 너무 시간이 오래 걸릴 것 같다고 이야기하였고, 유아들은 자신들이 만들었던 종이나 망치 왕관들만 가지고 놀이하자고 이야기하며 동극 놀이를 즐겼다.

백설공주와 왕자가 결혼했다는 소식을 듣고 화가 난 새 왕비

커피에 잠이 오는 약을 타고 있는 장면

커피를 마시고 너무 졸려서 쓰러진 왕자

10) 평가 및 귀가지도 13:50~14:00

정리를 마친 뒤 함께 모여 오늘 어떤 것들이 재미있었는지, 혹시 속상했던 것은 없는지 이야기 나누었다. 바깥놀이에서 동극 놀이와 교실에서의 동극 놀이가 재미있었다며 몇몇 유아들은 어느 곳에서의 놀이가 더 재미있었는지 이야기하기도 했다. 또 조금 속상한 일이 있었던 일들은 함께 이야기 나누며 속상함을 풀 수 있도록 돕기도 했다. 이러한 이야기를 나누는 동안 유아들은 자연스럽게 내일 무엇을 하면 좋을지를 이야기하기도 했다. 우리가 만들었던 이야기에는 그림이 없어서 그림을 그리기로 했는데 오늘 못했다며 내일은 그림을 그리자고 이야기하기도 하고 날씨가 좋으면 바깥놀이를 하고 싶다고 말하며 내일의 계획을 했다.

3. 솔잎반의 달라진 놀이 흥미

1) 백설공주놀이보다는 자전거놀이

전날 바깥놀이에서 했던 백설공주 두 번째 이야기 놀이가 재미있다고 했던 유아들에게 바깥놀이터에서 백설공주 두 번째 동극 놀이를 제안해 보았다. 그런데, 유아들의 반응은 "음…. 그건 교실에서 할래요."라고 이야기하거나 "그거 이따가 할래요."라고 이야기하며 바깥놀이터의 곳곳으로 달려가는 유아들을 보며 유아들이 원하는 바깥놀이를 시작했다.

여러 유아들이 자전거 타기에 관심을 보였다. 그런데, 몇몇 유아들이 자전거를 타다가 자전거 길에 그냥 두고 가며 불편하거나 위험한 상황이 생겼고, 이 문제를 해결하기 위해 자전거 주차장을 만들기 시작했다.

만 3세 솔잎반으로부터 시작된 이 자전거 주차장 만들기는 지워지지 않는 튼튼한 자전거 주차장을 만들기 위해 만 5세 고운솔숲반 형님들이 실험 과정에 참여하였고, 환경에 관심이 있는 만 4세 솔향기반 형님들의 이야기가 더해지며 놀이에 방해되지 않는 안전한 자전거 주차장 만들기가 진행되는 동기를 제공했다.

2) 자전거 주차장 놀이

바깥놀이에서 그네타기만큼이나 좋아하는 놀이가 바로 자전거 타기이다. 그런데, 자전거를 타다가 다른 놀이를 하러 가면서 자전거를 그대로 놓고 가는 경우가 많았다. 이런 상황은 자전거 길을 막아 속상한 사람들이 생기고 자전거를 타지 못하고 탄 채로 들어 올려 빙 돌아 지나가게 만들었다. 그렇게 자전거를 그냥 두고 가는 사람들 때문에 속상함을 토로하는 유아들과 이 문제를 어떻게 해결하면 좋을지 이야기 나누며 자전거 정리를 잘하자고 말해주기, 안내문 만들기 등에 대해 이야기해보지만 잘 안될 것 같다며 좀 더 근본적인 방법을 고민했다. 교사도 함께 고민하며 주차장에 대한 경험을 이야기했고, 그 이야기를 들은 유아들은 자전거 주차장을 만들어 보자고 했다. 주차장에 대한 경험은 있지만, 주차선을 어떻게 표현해야 할지 고민하는 유아들 옆에서 교사는 나뭇가지로 주차선을 그렸다. 그러자 유아들도 주차선을 따라 덧그렸고, 몇몇 유아들은 다른 친구들에게 자전거를 주차하는 주차장에 대해 알렸다. 유아들은 자전거를 주차했다가 다시 자전거를 타는 과정이 재미있는지 여러 번 주차했다 다시 탔다를 반복했다. 한참 뒤에 바깥놀이에 나온 솔씨반(다른 만 3세 반) 사람들에게도 우리가 무엇을 하고 있는지에 대해 신이 나서 이야기를 전하고 솔씨반과 함께 자전거 주차장 놀이를 즐겼다.

(자전거를 들고 낑낑거리며 이동하는 유아를 보며)
교사: 무슨 일이야?
유아: 누가 자전거를 그냥 두고 갔어요.
교사: 정말 위험해 보이네.
유아: 나도 지난번에 그래서 넘어질 뻔했어.
교사: 그러면 자전거 탈 때 불편하지 않았어?
유아: 불편해요! 여기 자전거 길에 자전거가 있으니까 자전거 탈 때 힘들어
교사: 그렇구나. 선생님도 자전거 탈 때 불편했어. 그러면 어떻게 하면 좋을까?
유아: 우리가 말해줘요.
유아: 그런데, 내가 말했는데, 안돼.
유아: 맞아. 나도 말해 본 적 있어.
교사: 그러면 또 다른 방법은 없을까?
유아: 안내문을 만들어요.
교사: 안내문?
유아: 네! 안내문이요. 지난번에 코로나 안내문이랑 형님들이 만들었던 거 있잖아요.
유아: 아. 그런데, 나 글씨 못써. / 그림으로 그리면 되지.
유아: 야! 어떻게 그리냐...
교사: 그러면 뭔가 다른 방법은 없을까?

(유아들은 진지하게 이 문제를 해결할 수 있는 방법을 찾아보려 고민하지만 딱히 아이디어가 떠오르지 않는다.)

교사: 그런데, 선생님은 자동차를 주차할 때 주차장에 하는데.

유아: 아! 주차장! 나 주차장 알아!

유아: 자전거 주차장을 만들어요!

유아: 그럼, 어디에다가 만들지?

교사: 정말... 자전거를 주차할 수 있을 만한 장소가 어디 있을까? 자전거가 많은데...

유아: 여기 넓어.(자전거 보관함 앞쪽 넓은 공간을 말한다.)

그렇게 나뭇가지를 이용해 교사와 함께 주차선을 그렸다. 아직 손에 힘이 세지 않아 흙 위에 선명하게 그리는 것이 힘들어 교사와 함께 여러 번 덧그렸지만 주차장을 만들 생각에 즐거워했다.

주차선을 그리는 모습

주차장에 들어오는 차가 주차선에 잘 들어오도록 돕고 있는 모습

주차된 자전거

유아: 더 잘 보여!

교사: 주차하려고 들어오는 것 같아. / 유아: 여기에 딱 맞게 놓는 거야.

유아: 여기에 주차하는 거야.

교사: (자전거를 그만 타려고 하는 움직임으로 온다.)주차하시려고 왔나요?

유아: 네. / 유아: 여기까지 오세요. / 유아: 여기 넘어가면 안 돼요.

교사: 주차선을 잘 지켜주세요. 바퀴가 선 안쪽으로 다 들어오게 할 수 있나요? / 유아: 네.

교사: 우와. 운전 실력이 대단하네요. 주차를 너무 잘해요.

나뭇가지로 그린 주차선은 금방 지워져 놀이하며 다시 그리기를 여러 번 반복했다. 유아들이 흥미를 느끼고 있었기 때문에 힘들어하지 않았지만 뭔가 조치가 필요한 상황이었다. 교사는 유아들에게 교사의 고민을 전달했다. 유아들도 금방 지워지고 있음을 느끼고 있지만 어떻게 해야 할지 모르는 상황이었다. 교사는 지난번에 만 5세 고운솔숲반 형님 반에 가서 대통령 뽑기에 참여했던 이야기를 하며 형님들에게 도움을 요청하면 도와주지 않을지 물어봤다. 유아들도 좋은 생각이라며 형님에게 도움을 요청하자고 했다.

교사: 그런데 문제가 있어! / 유아: 문제? / 어떤 문제요?

교사: 우리가 그린 주차선이 쉽게 지워지는 것 같아. 방금 자전거 하나가 주차장에서 나갔는데, 벌써 조금 지워졌어.

유아: 어 정말 지워졌어. / 교사: 어떻게 하지? / 유아: 또 그릴까요? / 힘들 것 같아.

교사: 또 그리면 될 것 같기도 하고, 힘들 것 같기도 하고…. 그러면 형님들에게 도와달라고 하면 어떨까?

유아: 좋아!

교사: 우리 저번에 2층 올라가서 대통령 투표했던 것 기억나니? 대통령 형님이랑 다른 형님들에게 이 문제를 이야기하면 아마 도와줄 것 같아. 대통령이 유치원 문제들을 해결해 준다고 했잖아.

유아: 좋아요. / 2층, 나도 갈래요.

형님들에게 자전거 주차장의 문제 전달하기

집에 돌아가기 전 나누었던 이야기를 다음 날 유아들과 다시 나누었고 놀이하며 문제가 되었던 부분에 대한 사진을 인쇄해 형님에게 전달했다. 자전거 길에 자전거를 그냥 놓고 가서 생기는 문제와 그걸 해결하려고 자전거 주차장을 만들었는데, 주차선이 자꾸 지워지는 문제에 대해 전달하고 이것을 해결해 줄 수 있는지 물었다. 그러자 형님들은 다양한 아이디어를 이야기 하며 해결 방법을 찾아갔다. 솔잎반 사람들은 문제해결은 형님들에게 맡긴 채 옆 반으로 놀러갔다.

3) 솔잎반 사람들이 그린 자전거 주차장

형님들에게 주차선의 문제를 맡기고 바깥놀이를 나간 유아들은 자전거를 타다가 자전거 주차장을 만들기 시작했다. 어제는 교사가 먼저 주차선을 그렸는데 오늘은 유아가 먼저 자전거 주차를 위한 주차선을 그렸다. 그리고 어제와 반대로 유아가 그린 주차선을 교사가 따라 덧그렸다. 주차선을 몇 개 그린 뒤 나뭇가지로 주차장을 청소하다가 빗자루를 찾은 유아는 주차장을 계속 청소했다.

주차장이 있는 곳 중 나무뿌리가 나와 있어서 주차하기에 조금 까다로운 공간이 있었는데, 그곳에 한 유아가 주차장을 만들었다. 교사가 나무뿌리가 있어서 주차하기 조금 어렵지 않은지 물어보았지만 유아는 반응하지 않았다. 그런데, 잠시 후 바깥놀이에 나온 솔씨반(만 3세 다른 반) 친구가 불편하다고 이야기하자 유아들은 나무뿌리가 있는 쪽 주차선을 지우기 시작했다. 처음에는 신발로 쓱쓱 지우다가, 교사가 빗자루를 들고 있는 유아에게 도움을 요청하자, 빗자루로 주차선을 지우며 즐거워했다.

유아: 선생님 자전거 같이 타요.

교사: 좋아! 선생님도 자전거 같이 탈게.

교사: (한 바퀴를 타고 난 뒤에) 선생님은 너무 힘들어서 주차해야 할 것 같아.

유아: 내가 만들래.

교사: 이번에는 주차장을 ○○이가 만들어 보고 싶어? / 유아: 네. 선생님도 따라 해요.

교사: ○○이가 그린 선을 따라서 선생님도 덧그리라는 말이지? 그러면 더 진해지고 선명해지겠다.

유아: 나도 자전거 주차할래.

유아: 내가 해 줄게(내가 주차선 그려줄게).

교사: 선생님 한 바퀴 더 타고 왔는데, 여기에 주차하면 될까?

유아: 네!

교사: 그런데, 여기는 나무뿌리가 있어서 주차할 때 조금 불편한 것 같아. 이곳에 주차하는 거 불편하지 않을까?

유아: 아니. 괜찮아요.

유아: (한참 후에 옆 반 솔씨반 동갑 친구가 말을 한다)여기 불편해!

교사: 왜 불편하다고 생각했어?

유아: 여기 뿌리도 있고, 울퉁불퉁해.

교사: 그렇구나. ○○아 솔씨반 친구도 조금 불편한 것 같다고 하는데? 어떻게 할까? / 유아: 여기!

교사: 아 다른 곳에다가 다시 만들면 좋을 것 같아? 주차하기에 편한 곳이 어디 있을까?

유아: 여기 돌도 없고, 여기가 좋아.

교사: 그러면 나무뿌리 있는 주차선은 지울까? (교사가 신발로 지운다) ○○아 혹시 그 빗자루로 지워줄 수 있어?

유아: 네! 오! 지워졌어, 벌써!

교사: 빗자루로 하니까 정말 훨씬 더 잘 지워진다.

4) 동생들의 요청으로 이어진 만 5세 솔숲반의 이야기

자전거 주차선이 지워지는 문제를 해결하기 위한 토의

놀이하던 중 솔잎반 동생들이 찾아왔다. 최근에 고운솔숲반에서 선거를 통해 유치원 대통령을 뽑았는데, 고운솔숲반 대통령은 유치원을 행복하게 만들기 위해 유치원에서 놀이할 때 불편한 것들이 있으면 해결해 주겠다는 공약을 한 상황이었다. 유아들이 대통령이 된다면 정말 열심히 공약을 지킬까? 라는 생각이 들곤 했었는데 동생들이 가져온 문제를 해결해가는 유아들의 반응을 볼 수 있을 것 같았다.

솔잎반 동생들과 함께 이야기를 나누는 고운솔숲반 사람들의 모습

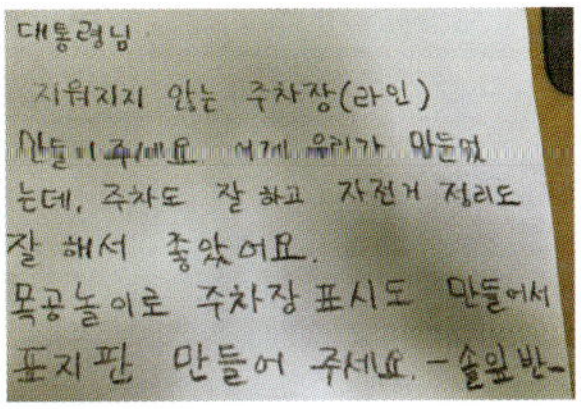
대통령님
지워지지 않는 주차장(라인)
만들어 주세요. 어제 우리가 만들었
는데, 주차도 잘 하고 자전거 정리도
잘 해서 좋았어요.
목공놀이로 주차장 표시도 만들어서
표지판 만들어 주세요. -솔잎반-

솔잎반 사람들에게 받은 편지

은상, 선준, 승진, 은우와 함께 동생들의 이야기를 들었다. 솔잎반 동생들은 바깥놀이터에서 자전거 탈 때 중간에 자전거를 타지 않는 유아들이 자전거를 제대로 정리하지 않아서 불편하다고 했다. 솔잎반 동생들이 자신들의 경험을 이야기하자 고운솔숲반 사람들도 공감하며 본인들의 경험을 나눴다. 동생들은 자신들의 방법으로 바깥놀이터에 자전거 주차장을 만들었다고 했다. 그런데 동생들이 그린 주차선이 잘 지워져서 고민이라고 했다. 고운 솔숲반 사람들은 이야기를 듣자마자 방법을 생각하기 시작했다.

선준: 아! 나 좋은 생각이 났어. 저기 유치원 위에 주차장에서 저번에 봤는데 줄로 되어있었잖아. 줄로 만드는 건 어때?

은우: 맞아! 그렇게 하면 되겠다.

은상: 아니면 이건 어때? 나무 막대기를 세워서 표시해 주는 거야. 여기에 주차장이라고.

선준: 야! 그런데 그렇게 하면 금방 쓰러지지 않을까?

교사: 아, 은상이 생각도 정말 멋진데 선준이 말처럼 금방 쓰러질 수도 있겠다.

은상: 그러면 이렇게 안 쓰러지게 돌멩이 같은 걸 놓으면 되겠네!

은우: 야 그러면 애들이 발로 다 차지.

선준: 그런데 이거 사진 보니깐 그네 탈 때 다 닿아서 불편하겠어.

교사: 어! 나도 같은 생각이야. 진짜 이거 그네 탈 때 너무 닿아서 위험하겠는데?

은상: 나 저번에 그네 타다가 자전거에 닿아서 진짜 다칠 뻔했어요.

그렇게 고운솔숲반 사람들과 해결방안에 대해 생각하는 시간을 가졌다.

교사: 얘들아, 그런데 저번에 선생님 운전해서 주차장에 가봤는데 들어가는 곳이랑 나가는 곳이 따로 있더라.

선준: 맞아요! ○○몰 주차장이랑도 그렇잖아.

은우: 그럼 우리는 이쪽으로 들어가고 이쪽으로 나가게 하자.

은상: 그런데 이쪽에 그네랑 바위가 있잖아. / 승진: 그럼 이걸 뽑으면 되잖아.

은우: 야! 그걸 어떻게 뽑냐? 무거워서 못 뽑아. / 승진: 도끼로 부수면 되잖아.

은우: 우리 유치원에 도끼는 없거든?

은상: 아니면 이건 어때? 주차장을 뒤로 넓히는 거야.

교사: 여기 길까지? / 은상: 네.

교사: 그런데 여기 길은 어떤 길이지? 원래 우리 자전거 탈 때 그 길 아니었던가?

은우: 맞아. 우리 자전거 탈 때 자전거 길이라고 표시한 거잖아. 그럼 넓히면 안 돼. 왜냐하면 자전거 타는 사람들이랑 부딪혀.

선준: 이거 진짜 중요한 거야. 잘 생각해야 해. / 승진: 알겠어. 잘 생각할게.

은상: 맞아. 진짜 중요해.

교사: 꼭 자전거를 이렇게만 주차를 해야 할까? 너무 공간을 많이 차지하는 거 같은데….

은상: 그럼 이건 어때요? 그 자동차 주차할 때 뒤에 네모난 것만 놓는 거예요.

교사: 혹시 주차할 때 부딪히지 말라고 하는 거? 그걸 이야기하는 거야?

은상: 네! 그 바닥에 있는 거요.

교사: (웃음) 진짜 생각도 못 했는데 아주 좋은 생각이다.

그렇게 유아들은 문제를 해결하기 위해 다양한 생각을 했다. 많은 이야기가 계속되었고, 원장선생님은 각자의 생각을 그림으로 그려보면 어떨지 제안했다.

원장: 이런 생각들을 그림을 그리면서 해보는 건 어떨까?

선준: 나는 그림 잘 못 그리는데.

승진: 나도 그림 잘 못 그려서 싫어요.

교사: 원하지 않으면 안 그려도 돼. 그런데 그림을 그려보는 거 진짜 좋은 생각인 거 같아. 왜냐하면 선생님은 너희들한테 설명해 주고 싶은 부분이 있었는데 말로 표현하기가 조금 어려웠거든.

은우: 나도 그림으로 그림 그려볼래요!

그림 그리는 것이 어렵지만 도전해 보겠다는 은우의 이야기에 다른 유아들도 자기 생각을 그림으로 그려보겠다고 했다. 유아들은 이야기 나눌 때보다 더 자세히 동생들이 찍은 사진을 관찰하였고, 그림을 그리며 생각을 정리하는 시간을 가졌다.

은우가 생각한 주차장의 모습

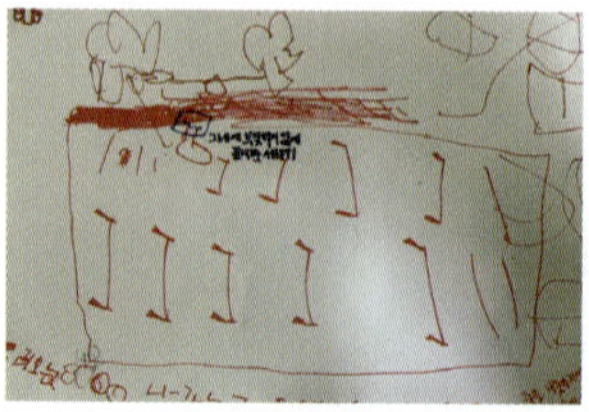

은진이 생각한 주차장의 모습

은상이가 생각한 주차장의 모습

은우: 나는 그네 타는 사람들이랑 안 부딪치고 자전거 길에서 자전거 타는 사람들도 안 불편했으면 좋겠어. 그래서 자전거 주차장은 조금만 만들면 좋을 거 같아.

은진: 자전거가 들어오는 곳이랑 나가는 곳은 꼭 필요해. 그리고 줄을 나뭇가지에 연결해서 바닥에 고정했으면 좋겠어. 그리고 그네에 부딪히지 않게 표지판을 세우면 괜찮을 거 같아.

은상: 나는 자전거가 여기 바위 있는 쪽으로 들어가고 자전거가 나가는 건 다 붙어있으면 좁으니까 주차장에서 마음대로 나갔으면 좋겠어. 그리고 마음대로 하는 사람들 있는지 경찰처럼 단속하는 사람도 있으면 재미있을 거 같고. 주차장은 나무를 세워서 바닥에 꽂으면 될 거 같아!

점심시간에도 유아들의 고민은 계속되었다.

은진: 선생님! 우리 밥 먹고 바깥놀이 해요!

은우: 맞아. 자전거 주차장도 한번 보고.

은진: 그거 그네랑 만나는지 한번 봐야 해.

은우: 그런데 뭐로 만들지?

은진: 아! 그냥 물감으로 쓱쓱 그려버리면 좋겠다.

은우: 그리면 되잖아!

은진: 야! 당연히 모래에 하면 지워지잖아.

교사: 그럼 모래에다가는 어떻게 하면 좋을까?

은우: 페인트 같은 거로 하면 혹시 안 지워지지 않을까?

은진: 막 스프레이로 치익 뿌려도 재미있겠다.

교사: 어! 3층에 락카 있는데. 그 스프레이!

은진: 아 나 그거 한 번도 안 해 봤는데. 한번 우리가 바닥에 뿌려보는 거 어때요?

은우: 야, 이은진 그러면 우리 밥 빨리 먹어야 해.

서둘러 점심을 먹은 고운 솔숲반 사람들은 문제가 발생한 장소인 바깥놀이터로 나갔다.

지워지는 자전거 주차선 문제해결을 위한 유아들의 노력

주차장을 살펴보던 고운솔숲반 사람들도 자신들의 방법으로 자전거 주차장을 만들기 시작했다.

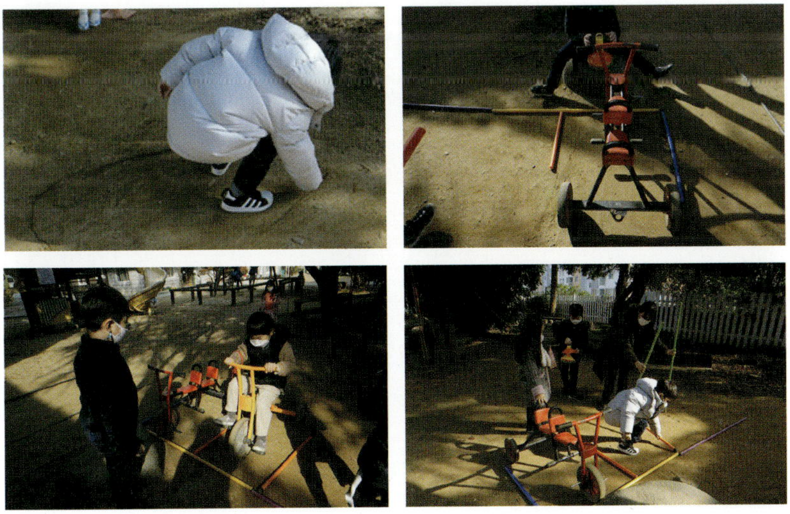

주차장을 탐색하며 익숙한 놀잇감으로 주차장을 만드는 유아들

은우: 어차피 이거로 만들면 치워야 하잖아.

은상: 그런데 이게 이렇게 튀어나와 있으니깐 보기엔 좋잖아.

은진: 아니 이거 해도 어차피 부서져.

승진: 그런데 애들아! 이거 주차하니깐 진짜 재밌다. 그런데 여기 자전거가 닿는다. 너무 좁아.

은우: 그러면 다시 주차해 봐. 내가 여기를 더 넓혀서 만들어 줄게.

은진: 그냥 이거 물감으로 그려버리자. 얘들아.

교사: 그럼 물감이 필요한 거야?

은진: 아니요! 그 스프레이로 해 봐요. 우리.

3층 자료실에서 가져온 스프레이를 뿌려보는 은진과 은우

3층 자료실에서 스프레이를 가져와서 뿌려보았다. 실은 이 과정에서 여러 사람의 이야기를 통해 스프레이도 지워지리라는 것을 생각했지만 지금까지 한 번도 해보지 않았기 때문에 한 번 실험해 보기로 했다.

소진, 차은주 선생님: 스프레이로 뭐 해요?

은진: 우리 이거로 바닥에 뿌려서 주차장 줄 만들어 보려고요.

소진: 그럼 환경 오염되는데….

차은주 선생님: (웃음) 아 맞아. 스프레이 뿌리면 환경이 오염되는데.

은진: 아…. 한 번만 해볼게요.

김지온 선생님: 우리가 주차장을 만들어 보려고 해서 이게 완성이 되면 진짜 좋을 거 같은데 스프레이가 환경 오염된다는 생각을 못 했네.

바깥놀이터에 나가서 주차장을 확인하고, 자전거의 너비를 생각해 보며 주차선을 만들고자 한 유아들은 평소 익숙했던 교구부터 시작하여 다양한 방법을 시도해 보았다. 은진이랑 은우는 점심시간부터 페인트 같은 것으로 바닥에 선을 그리고 싶어 했다. 교사는 스프레이가 유아들 몸에 괜찮을지 걱정을 하면서도 유아들이 직접 해볼 수 있도록 지원해 주었다.

그런데 북극곰에 관한 관심이 환경으로 연결되어 환경에 대한 관심이 많은 만 4세 솔향기반 수진이가 땅에 스프레이를 뿌리는 것은 땅을 아프게 하고 환경이 오염되는 것이라며 걱정스러운 이야기를 전했다. 순간 웃음이 났다. 교사도 고운솔숲반 유아들과 똑같이 주차선을 어떻게 하면 좋을지만 생각했지 환경오염에 대한 생각은 하지 못했기 때문이다. 유아들의 흥미와 관심사가 얼마나 중요한지 그리고 서로 다른 생각이 한데 모여 더 나은 방법을 고민하고 찾아가는 과정이 가져다주는 의미와 뿌듯함을 다시 한번 생각하게 되었다.

곧 귀가 시간이 되어 유아들이 생각했던 방법을 다 실험해 보지 못했고, 동생들의 문제를 해결할 수 있는 자전거 주차장을 만들지는 못했다. 하지만 유아들은 멋지게 동생들의 문제를 해결해 나갈 거란 기대가 생겼다.

5) 다시 만 4세 솔향기반으로 이어진 이야기

형님들이 만드는 자전거 주차장

바깥놀이를 하는데 형님들이 무엇인가를 열심히 만들고 있었다. 형님들에게 물어보니 자전거 주차장을 만들고 있다고 했다. 그런데 갑자기 형님들이 미술 가운과 스프레이를 가져와 바닥에 뿌리려고 했다.

소진이는 조용히 교사의 손을 잡고 "흙에 뿌리면 흙 오염되는 거 아니에요?"라고 물었고, 교사는 이 사실을 소진이와 함께 형님들에게 이야기해 주었다. 형님들은 우리가 긴 시간 모임을 통해 결정한 사항이라 한번 도전해 보고 싶다고 했다. 솔향기반 유아들도 흙에 농약이나 약품을 뿌리면 흙이 오염된다는 사실을 이번에 알게 되어서 흙에 뭔가를 뿌린다는 것을 걱정스럽게 바라보았다. 하지만 형님들은 자전거 주차장을 만들기 위해 아주 진지하게 고민하고 있었고, 형님들이 뿌린 스프레이는 솔향기반 유아들이 밟고 지나가니 지워졌다.

스프레이는 환경을 오염시킨다는 것에 대해 이야기하고
스프레이가 지워지는지 실험해 보는 장면

솔향기반 유아들은 지난 3일간 바깥놀이터에 있는 쓰레기를 줍고 있었고, 이 이야기를 솔숲반에 새롭게 뽑힌 대통령에게 전달해 주려고 계획하고 있었다. 바깥놀이터에 쓰레기가 엄청 많으니 이 문제를 유치원에 있는 모든 사람에게 알려서 환경을 함께 보호하자는 내용이었다. 그런데 형님들이 바닥에 뿌리는 스프레이를 보고 쓰레기를 열심히 주웠던 솔향기반 유아들은 걱정이 되었지만, 형님들 또한 자전거 주차장을 만들기 위해 많이 고민했기 때문에 일단은 지켜보기로 했다. 다행히도 스프레이가 금방 지워지는 것을 경험한 형님들은 다른 방법을 찾아보겠다고 했다. 솔향기반 유아들은 유치원에 있는 사람들에게 환경보호에 관한 이야기를 빨리 전달해야겠다는 이야기를 나누며 바깥놀이를 마쳤다.

6) 만 4세가 된 유아들이 다시 시작한 자전거 주차장 만들기

만 4세가 된 작년 솔잎반 유아들은 여름방학을 마치고 돌아와 방학 기간 동안 지낸 경험을 이야기 나누며 우리동네의 다양한 장소와 기관들에 관심을 가졌다. 그렇게 여러 가지 가게놀이와 우리동네 기관들을 알아가며 놀이하던 유아들은 경찰놀이를 하며 경찰이 하는 다양한 일들에 대해 알아 갔고 유치원의 많은 사람들에게 경찰에 대해 알린 후 유치원의 여러 가지 문제와 갈등상황을 해결하기 위해 발 벗고 나섰다. 바깥놀이터의 쓰레기, 정리를 하지 않는 동생들을 위한 안내문, 잃어버린 물건 찾아 주기 등 여러 가지 민원들을 해결해 가는 과정에서 작년에 형님의 도움을 받아 만들어 갔던 자전거 주차장에 대한 이야기가 다시금 시작되었다. 새 학기가 시작되고 동생들을 맞이한 만 4세 유아에게 여전히 자전거 길에 그냥 두고 가는 자전거가 위험하다고 이야기를 해도 자전거 정리는 잘 지켜지지 않았다. 문제상황을 인식한 유아들은 근본적인 문제해결을 위해 자전거 주차장 만들기에 다시 도전했다.

놀이는 반복적이고 일상적이며 즐겁다. 자전거 주차장의 필요성을 인식하였지만, 자전거 주차장 만들기가 쉽지 않았던 만 3세 때에는 만 5세 형님들에게 자전거 주차장의 문제를 부탁해 도움을 받았지만 만 4세가 된 지금의 유아들은 이전 경험을 바탕으로 자전거 주차장 만들기에 다시 도전하게 되었다.

(1) 자전거 주차장소 정하기

유아들은 가장 먼저 자전거 주차 장소를 고민했다. 처음에는 그저 넓은 장소만 생각했지만 이야기를 나누며 장소를 찾아보는 과정에서 자전거를 타는 장소는 바깥놀이가 이루어지는 곳이며, 솔방울반 사람뿐만 아니라 유치원의 모든 사람이 바깥놀이터를 이용하고 있다는 것에 대해 생각하게 되었다.

유아들이 찾은
8개의 장소

8개 장소에 대한 투표하기

유치원 전체를 대상으로 자전거 주차장소를 정하기 위한 투표 과정에도 이런 내용을 반영하여 유아들이 찾은 8개의 장소 중에서 여러 대의 자전거를 주차할 수 있으며 놀이에 방해되지 않고 안전한 장소에 투표하도록 안내문을 만들어 붙이고, 반별로 투표를 진행했다.

형님반에서는 형님들도 자전거 길에 자전거를 그냥 두고 가서 일어나는 위험상황에 대해 공감하며 정말 안전하고 놀이에 방해되지 않으면서도 여러 대의 자전거를 주차할 수 있는 장소에 대해 함께 이야기 나눠주고, 진지하게 투표에 참여했다.

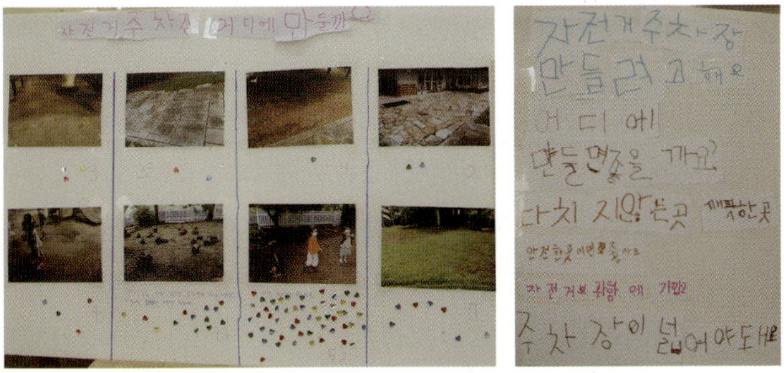

〈투표결과〉

(2) 자전거 주차장 만들고 알리기

주차장에 대한 경험을 가지고 있는 유아들은 자전거 주차장을 어떻게 만들지에 대해 생각했다. 처음에는 흔히 알고 있는 주차장처럼 구상했지만, 유아들은 큰 자전거와 작은 자전거가 있으니 이를 분리하여 주차하는 것에 대한 생각을 그림이나 블록들로 만들어 가며 이미지화해갔다.

자전거 주차장 표상하기

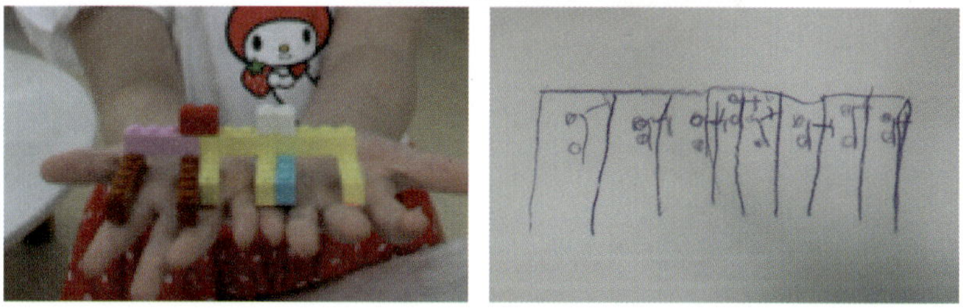

그렇게 유아들이 표상한 내용을 바탕으로 자전거 주차장 만들기가 진행되었다. 유아들은 가장 먼저 자전거를 주차할 장소를 깨끗이 청소하고 주차선을 그렸다. 그리고 땅에 그린 주차선이 지워지지 않고 오래 지속될 방법으로 분필을 사용하여 땅 바닥에 그린 주차선을 따라 여러 차례 반복하여 선을 그었다. 유아들은 색이 잘 보이도록 여러 번 선을 긋고 어떤 색이 눈에 잘 띄는지도 고민했다.

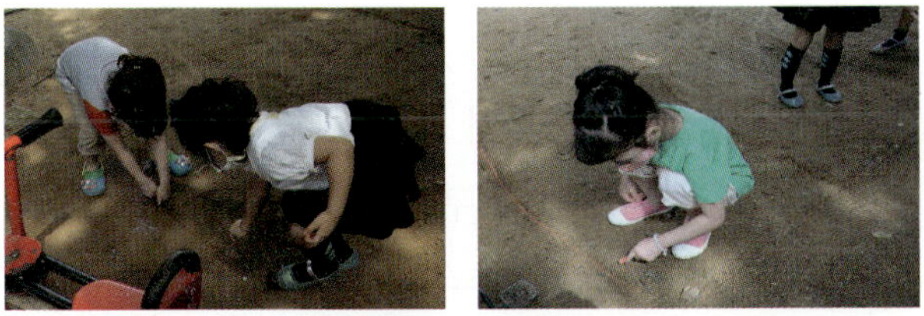

바닥에 주차선을 그리고 그 위에 분필을 이용해 그리는 장면

자전거 경찰놀이

여러사람의 힘이 모여 더 선명해지고 있는 자전거 주차장

바깥놀이를 하며 주차장 만들기는 자유롭게 진행되었다. 놀이가 함께 진행되다 보니 자전거가 서로 부딪히지 않도록 자전거가 움직이는 방향을 표시하거나 주차장으로 들어가는 방향 등을 표시하며 자전거 주차장을 더 멋지게 만들 수 있는 아이디어를 만들어 갔다.

하지만 자전거가 여러 번 왔다갔다 하다 보니 분필로 그린 선이 금세 지워졌고 유아들은 다른 방법을 찾았다. 그리고 주변의 돌멩이를 주워와 선에 올려놓기 시작했다. 그리고 돌멩이가 더 잘 보일 수 있도록 몇몇 유아들은 분필로 색을 칠하기도 했다.

분필로 방향 표시

돌멩이로 주차장의 선 표시

모래놀이를 하면서 돌멩이 찾기

찬우: 이렇게 하면 돌멩이가 움직이는데?

교사: 그러면 어떻게 하면 좋을까?

찬우: 이렇게 땅에다가

교사: 아! 돌멩이를 땅에다가 깊게 넣자는 이야기야?

은진: 색도 칠해요.

우식: 그럼, 돌멩이가 진짜 많아야 해!!

돌멩이가 위로 튀어나와 있으면 자전거와 부딪혀 금세 흐트러진다는 것을 발견한 유아들은 돌멩이를 땅에 더 깊이 박아 넣었다. 그리고 조금 전 사용했던 분필을 이용해 돌에 색을 칠해 보기도 했다. 하지만 분필로는 돌멩이에 색을 칠하기가 쉽지 않았다. 일단 돌멩이를 많이 모아 베란다에서 색을 칠해 보기로 하고 바깥놀이를 즐기며 돌멩이를 많이 모았다.

유아들은 자전거 주차장을 만들면서 주변에서 경험했던 것들을 지속해서 나누어 갔다. 분필과 돌멩이로도 튼튼한 자전거 주차장 만들기가 쉽지 않아 보이자 유아들은 바깥놀이를 즐기면서도 계속해서 자전거 주차장을 어떻게 만들면 좋을지에 대해 고민하였는데, 유치원 옆 공터에 만들어진 주차장은 줄로 만들어진 것을 기억한 유아가 줄도 이용해 보자고 제안했다. 주차선을 선명하게 표시하는 방법으로 돌멩이에 색을 칠해 표시하는 것과 줄을 이용한 것 중 어떤 것으로 하면 좋을지 함께 고민해 본 후에 자전거 주차장을 만들기로 했다.

먼저 바깥놀이를 하면서 돌멩이를 모아 색을 칠해 보았는데 갯수가 적어 주차선을 만드는 것은 무리였다. 그리고 마지막으로 찾은 줄. 하지만 유치원에 있는 줄은 낚싯줄이나 리본끈, 지끈, 털실 등 눈에 잘 띄지 않거나 너무 넓거나 금방 끊어지는 줄이었다. 그리고 분필로 색을 표시해 가며 유치원의 자전거는 빨간색과 주황색이 있어서 주차장도 빨간색과 주황색으로 구분하면 좋겠다는 의견이 있었는데, 그 색의 줄이 없자 고민 끝에 자전거 주차장을 만들기 위한 빨간색과 주황색 줄 구매를 원감선생님께 요청했다. 그렇게 도착한 빨간색과 주황색 줄을 이용해 자전거 주차장 만들기가 다시 시작되었다.

줄을 고정하기 위한 선 그리기

끈을 못으로 바닥에 고정하는 장면

유아들이 만든 자전거 주차장

그렇게 완성된 자전거 주차장에서 안전하게 자전거를 타고 몇몇 유아들은 경찰이 되어 자전거를 안전하게 타는지 확인하는 놀이가 진행되었고, 이 후 이 놀이는 안전하게 자전거를 탈 수 있도록 하기 위한 자전거 면허증 시험으로 이어졌다.

어쩌면 교사가 줄을 바로 제공해 주었다면 조금 쉽게 이 문제를 해결했을지도 모른다. 하지만 유아들은 주변에서 찾아볼 수 있는 재료를 이용해 보며 각 재료들의 특징을 경험하고, 문제를 해결하기 위한 다양한 방법들을 나누며 함께 해결해 나가는 경험을 가질 수 있었다. 이 과정을 유아들이 경험하도록 하는 것은 무엇보다 중요하며, 이러한 발견의 과정을 교사가 빼앗아서는 안된다는 생각을 다시금 하게 되었다.

(3) 자전거 주차장 만들기에서 이어진 자전거 면허 시험 & 사진관 놀이

자전거 주차장 만들기는 우리동네의 다양한 가게와 기관들을 만들어 놀이하고 있는 유아들의 놀이와 연결되어 다양한 놀이로 확장되었다. 자전거 주차장을 만들며 자전거를 안전하게 타는 것에 몰입했던 유아들의 관심은 자전거 운전면허시험으로 연결되었다. 여기에서 중요했던 것은 자전거를 자동차와 비슷한 선상에 두어 우리동네에 대해 알아보며 경찰들이 하는 일, 안전 등에 알아갔던 내용 지식들이 안전한 자전거 타기에 대입(자동차 주차장↔자전거 주차장, 자동차 면허시험↔자전거 면허시험, 자동차 운전 면허증↔자전거 운전면허증)되어 놀이가 진행되었다는 것이다. 자전거 면허시험을 보기 전에 관심을 가졌던 것은 자전거 운전면허증이었다. 놀이의 과정에서 소개해 준 교사의 자동차 운전면허증은 유아들에게 매력적으로 보였고, 유아들은 자전거 면허시험을 준비함과 동시에 자전거 운전면허증을 만들고자 했다. 교사는 자동차 운전면허증을 소개해 주며 자전거 면허증을 만들기 위해서는 어떤 것들이 필요하고 자전거 면허시험을 보는 이유는 무엇인지 다시 생각해 볼 수 있도록 상호작용하였으며 유아들은 운전면허증을 자세히 살펴보았다.

유아들이 면허증에서 가장 중요하게 생각한 것은 사진이었다. 그리고 사진을 찍으려면 사진관이 필요하다며 교실에 사진관을 만들어 갔다. 교사는 유아들과 사진관에 필요한 것들은 무엇이 있는지 유아들의 사진관에 대한 경험을 나누며 필요한 것들을 함께 준비해 갔다. 먼저 교실의 삼각대와 여분의 카메라를 제공해 주고 카메라 사용방법을 알려주었다. 이미 사진찍는 것에 대한 경험을 가진 유아들이 많아 안전하게 카메라를 사용할 수 있었다. 하지만 1대의 카메라로 여러 사람이 찍을 수 없는 문제점을 발견한 유아들은 순서를 정해 돌아가면서 카메라를 찍자고 제안했다. 교사는 교실의 자석 이름표를 제공해 주었고 유아들은 자신이 원하는 곳에 자석 이름표를 붙여 순서가 되면 촬영을 해볼 수 있었다. 한쪽에서는 배경 만들기도 진행되었다. 사진관에 갔을 때 사진사가 어떤 버튼을 누르면 배경이 바뀌었던 것을 경험한 유아들은 배경이 필요하다며 배경을 만들어 간 것이다. 유아들은 공룡 세상, 별세상, 자전거 세상 등을 커다란 도화지에 그려 배경을 만들었다.

솔방울반 사진관과 사진을 찍는 유아들

그렇게 실내에서는 사진관 놀이를 위한 배경과 소품을 만들어 놀이하였고, 바깥놀이터에서는 자전거 면허시험을 위한 준비가 진행되었다. 초시계를 이용해 1분 동안 자전거 길 한 바퀴를 돌아 오면 성공하는 것으로 정하고 시험해 봤는데, 1분 안에 통과하는 유아들이 거의 없자 2분으로 시간을 늘려보았다. 그러자 몇몇 유아는 통과하고 또 몇몇 유아는 실패하는 것을 보며 시간은 2분으로 하는 것으로 정하고 안전하게 자전거를 타야 하는데, 막 선을 넘어서 다니면 그것도 탈락 하는 것으로 정하고 놀이를 시작했다. 자전거 길 한 바퀴를 돌아와야 하기 때문에 유아들은 초시계를 들고 검정선을 넘어가지는 않는지 옆에서 계속 함께 지켜 보았다.

숫자 2가 되기 전까지 한 바퀴를 돌아오기

주차까지 하면 성공!!

한 번에 성공하지 못한 사람들은 다시 재도전을 했다. 평소 자전거 타기에 관심이 없던 사람들도 자전거 면허증을 위해 자전거를 타며 연습했다.

검정 선을 넘어가지 않는지 확인하는 장면

자전거가 선을 넘어가는지 긴장하며
살펴보는 유아

자전거 시험에 통과한 사람에게 주는 자전거 면허증

자전거 면허증을 목에 걸고 놀이하는 유아들

자전거 시험에 합격한 유아들에게는 자전거 면허증을 발급했는데, 자전거 면허증은 솔방울반 사진관에서 찍은 사진에 유아들이 만든 도장으로 직인을 찍어 만들었다. 자기 면허증을 만들었는데, 내가 만든 면허증을 받으려면 자전거 면허시험에 합격해야만 하는 상황. 쉽지만은 않고 두근두근 긴장도 되고, 실패도 했지만 마침내 자전거 면허 시험에 합격해 자전거 면허증을 목에 걸었을 때 유아들은 뛸 듯이 기뻐하며 놀이하는 내내 면허증을 목에 걸고 있었다.

처음 도움을 요청하여 형님들과의 상호교류를 통해 문제를 해결했던 만 3세 솔잎반 유아들은 형님들과의 상호교류를 통해 만 4세 솔방울반이 된 지금 자전거 주차장 만들기를 이끌어 가는 주역이 되었다. 이는 유아들이 문제를 발견하고 해결하는 과정에 있어 다른 누구의 생각이 아닌 자신의 생각이었기 때문에 가능한 일이었다. 여러 가지 문제를 적극적으로 해결해 가며 방법을 찾았고, 자전거 주차장을 만들었을 때의 성취감은 그 배가 되었다.

4. 하루 일과에 대한 의미 생각해 보기

유아의 의미 있는 하루에 대한 경험은 매우 중요하다. 유아들의 놀이나 활동들은 하루 안에 끝나지도 않고 하루로 끝마치기에는 너무 짧다. 하지만 유아들의 하루 하루가 모여 함께 하는 놀이가 되고 활동이 되며 유아들의 삶이 되어 가는 것을 유아들의 놀이를 통해 활동을 통해 발견할 수 있다. 유아들은 이 안에서 함께 협력하고 도움을 주고 받으며 성장 발달해 가고 있음을 알 수 있다. 그렇기 때문에 오늘의 하루 일과는 무엇보다 중요하다. 오늘 하루의 주인은 누구에게 있는지, 오늘 하루를 어떻게 보낼 것인지에 대해서는 교실안 공동체 나아가 유치원 공동체가 만들어 가는 것이라고 생각한다.

유아가 놀이의 주인이 되었을 때, 그리고 나의 하루에 주인이 되었을 때 의미가 생기고 배움이 생기며 즐거움이 생긴다. 이는 교사도 마찬가지이다. 내 교실을 운영해 나감에 있어서 유아들과 함께 만들어 갈 것인지, 교사의 생각과 계획들로 만들어 갈 것인지에 대해서 결정할 수 있다. 이는 개정누리과정에서도 강조하고 있는 부분이다. 유아와 교사 나아가 유치원과 학부모가 함께 만들어 가는 오늘 하루, 교육과정을 만들어가기 위해 우리는 유아가 오늘 하루의 주인이 될 수 있도록 나아가 우리가 오늘 하루의 주인이 될 수 있도록 노력해야 한다.

유아의 흥미에서 시작된 놀이를 지원하면서 교사와 유아는 함께 교육과정을 만들어 간다. 유아의 흥미와 발현적 아이디어를 발견하기 위해서는 새롭고 놀라운 방식으로 유아의 삶을 바라봐야 하고, 교사의 상호작용이 매우 중요하다. 또한 유아의 흥미와 요구에서 시작된 놀이는 유아에게 즐거운 배움이 일어나도록 하며 유아가 주도하는 놀이에서 유아들은 배움의 순간을 즐기고 기억하며 다른 맥락에서 또 다른 배움의 순간을 기대하게 된다. 이렇듯 유아의 아이디어로 시작하는 놀이 속에서 유아와 교사는 실행-평가-계획의 과정을 순환적으로 이루어 간다.

조금은 넉넉한 하루 일과 속에서 유아와 교사는 의미 있는 유치원에서의 하루를 만들어 간다. 교사의 계획들로 빡빡하게 준비된 하루 일과 안에서는 자칫 유아의 흥미와 반응을 살피며 지원해 주기보다 교사가 계획한 하루 일과가 잘 진행되고 있는지 확인하는 데만 급급할 수 있다. 그래서 교사는 유아들의 반응에 대한 관찰과 해석을 통해 다음날의 하루 일과를 계획하고, 실행의 과정에서 유아의 흥미나 관심 그리고 여러 가지 상황들로 변경 가능한 하루를 만들어 가기 위해 노력하며, 이 과정에서 교사는 유아의 흥미와 반응을 관찰하고 지원해 줄 수 있다.

또한 앞의 사례에서도 볼 수 있듯이 하루 일과는 유아의 새로운 흥미와 관심으로 변경되기도 하는데, 교사는 유아의 이러한 반응을 따라 지원해 주며 진정한 의미의 유아중심 교육을 만들어 갈 수 있다. 한 반의 흥미가 다른 반 사람들과 만나 상호교류하며 다른 반으로 옮겨가기도 하고 여러 연령간의 역동적인 상호작용으로 놀이가 확장되거나 더욱 재미있는 놀이로 진행될 수 있다. 그래서 놀이 과정에서 필요한 상호교류의 다양한 방법들과 또래 간 상호작용을 고민해 볼 필요가 있다.

일상에서의 다양한 경험은 유아의 놀이에 영향을 미치며 유치원에서 의미 있는 하루를 만들어 가도록 돕는다. 의미 있는 하루 하루는 유아의 삶이 되고 유아의 삶은 또 다른 하루를 만들어 간다. 유치원에서의 하루 일과는 유아의 삶을 만들어 가며, 유아의 삶인 놀이에서 유아는 많은 것을 배우며 성장해 간다.

참고문헌

곽향림(2008). 교실공동체를 지원하는 구성주의 교사의 위치. 유아교육연구, 28(4), 269-312.

곽향림(2015). 구성주의유아교육교수학습법. 경기도 고양시: 공동체.

곽향림(2016). 교사와 유아 상호관점에 의한 생활주제의 통합적 운영. 공동체.

곽향림 · 김은정(2018). 현장중심교육을 위한 예비유아교사들의구성주의교실에서의 참여관찰경험. 구성주의유아교육연구, 5(1), 79-102.

곽향림(2019). 누리과정에 따른 단위유치원 교육과정설계: 교사와 유아가 함께 만들어가는 교육과정. 유아교육연구, 39(2), 333-359.

교육부(2019). 2019개정누리과정해설서.

권기성 · 오창택(2010). 집단역동성. 경기: 형설출판사.

오채선(2019). 자율성으로 본 유아교육과정 재설계. 유아교육연구, 38(4), 415-444.

DeVries, R., & Zan, B.(1997). 유아를 위한 사회도덕교육. [*Moral classrooms moral children*]. (이은화 · 이경우 · 곽향림역). 서울: 창지사. (원저 1994년 출판).

DeVries, R., & Sales, C.(2014). 경사로 활동을 통한 구성주의 유아물리과학하기. [*Ramps & pathways : A constructivist approach to physics with young children*]. (이경우 · 곽향림 · 천선역). 서울: 창지사.

Freire, P.(2018). 페다고지.[*Pedagogy of the oppressed*]. (남경태 · 허진역). 서울: 그린비. (원저 1968년 출판).

Hyun, E.(2008). 유아교육과정의 재개념화와 실천. [*Teachable moments: Re-Conceptualizing curricula understandings*]. (손유진 · 김남희 · 남미경 · 정혜영 · 이경화 · 손원경 공역). 경기: 서현사. (원저 2006년 출판).

Kohlberg, L., & Mayer, R.(1972). Development as the aim of education. *Harvard Educational Review*, *42*(4), 449-496.

Kuhn, T.(1962). *The structure of scientific revolutions*. University of Chicago Press.

Olsson, L. M.(2017). 들뢰즈와 가타리를 통해 유아교육 읽기: 운동과 실험. [*Movement and experimentation in young hildren's learning*]. (이연선·이경화·손유진·김영연 공역). 서울: 살림터. (원저 2009년 출판).

Piaget, J.(1932/1965). *The moral judgment of the child*. New York: The Free Press, A Division of MacMillan Publishing Co., Inc.

Piaget, J.(1946/1970). Piaget theory. In P. Mussen(Ed.), *Carmichaels' manual of child psychology(3rd ed.)*. New York: Wiley.

Selman, R.(1980). *The growth of interpersonal understanding*. New York: Academic Press.

구성주의관점에서의 누리과정 이해와 실천:

교사와 유아가 함께 만들어가는 교육

초판 1쇄 인쇄 2022년 3월 7일
초판 1쇄 발행 2022년 3월 11일
기 획 | 구성주의유아교육학회

지 은 이 | 곽향림 · 최성운

펴 낸 이 | 김기섭
책임편집 | 이현남 · 이상희
펴 낸 곳 | www.changjisa.com
08589 서울시 금천구 가산디지털 1로 83 파트너스타워1차 9층
전화 (02) 719-2211~3
팩스 (02) 701-9386
등 록 | 1977년 4월 28일 · 제1-421호

ⓒ 곽향림 외, 2022
● 이 책 내용의 전부 또는 일부를 재사용하려면 반드시 저작권자와 창지사 양측의 동의를 받아야 합니다.
● 저자와 협의하여 인지는 생략합니다.
● 출판물 불법 복사, 불법 북스캔은 저작권 위반으로 처벌받을 수 있습니다. 불법 제본으로 처벌될 경우(전과기록 됨) 취업 불이익이나 해외유학과 이민 등 비자발급이 거부되는 불이익이 발생할 수 있습니다.

ISBN 978-89-426-1516-2 (93370)

값 11,000원